대불정여래밀인수증요의보살만행수능엄경

首楞嚴經

대불정여래밀인수증요의보살만행수능엄경

천축 사문 반라밀제 역 · 천명일 해설

수능엄경 · 上

지혜의나무

서문

어느 날 석가세존께서 아난에게 이렇게 말씀하셨다고 합니다.

"아난아! 옛날 어느 산촌에 벌을 키우는 밀봉업자가 있었단다. 가을철이 되어서 꿀을 수확하고 보니 그 양이 상당히 많았다고 한다. 좋은 꿀을 사려는 사람들이 사방에서 모여들어 밀봉업자는 수입을 톡톡히 보았단다.

그런데 이 값진 진액의 참꿀을 산 장사꾼들은 그 꿀에다가 약간의 물을 타서 꿀 병을 더 늘려 팔았단다. 이 물 탄 꿀을 산 중간 도매업자 역시 약간의 물을 더 타서 팔았다. 이렇게 팔고 팔기를 오십 번째, 실 소비자에게 넘어간 꿀맛은 어떠했겠느냐? 그것은 꿀맛이라기보다는 그냥 맹물 맛과 같았다.

아난아! 하지만 오십 번째 물 탄 꿀물이 비록 맹물 맛과 같을지라도 그래도 맹물보다는 좋단다."

필자가 풀어쓴 이 책과 참꿀 같은 원전 『수능엄경首楞嚴經』을 어찌 비교나 할 수 있겠습니까? 하지만 비록 참꿀에 맹물 탄 50번째의 물맛과 같다 하더라도 그냥 맹물보다는 낫다는 부처님의 자애로우신 말씀에 큰 힘을 얻어 『수능엄경首楞嚴經』을 세상 사람의 어감에 맞게 풀어서 펴내기로 했습니다.

인간 고뇌의 근본 문제는 전부 마음에 있습니다. 신神이라 자처하거나 성인聖人이라는 분들이 수없이 왔다 갔으나 그 마음의 비밀을 밝히신 분은 오직 석가세존뿐입니다. 세존은 마음이 어떻게 생기게 되었으며, 그 마음으로부터 세계와 중생계가 어떻게 생겨났는지 명쾌하게 밝히셨습니다. 저 많은 성서나 경전 중에서도 불경인 『수능엄경』이 인류 역사상 다시없는 지혜의 성전인 까닭이 바로 여기에 있습니다.

이러한 『수능엄경』이 이 세상에 있다는 것은 인류의 경사이며 기적입니다. 인류의 머리로는 해결이 불가능할 것 같아 보이는 난해한 문제들을 기가 막히게 과학적으로 모조리 밝히고 있는 경전이 『수능엄경』입니다. "백 번 듣는 것보다 한 번 보는 것이 낫다(百聞而不如一見)."고 하지 않습니까? 지금 당장 『수능엄경』을 읽어 보십시오. 그러면 단박에 한소식한 사람 같아질 것입니다.

인류는 수천 년 동안 종교라는 이름으로 답 없는 답을 찾아서 몸부림치다가 금세기 과학이라는 것에서 위안을 좀 얻고는 한숨을 돌리는 듯합니다. 그러나 바로 현재의 그 과학 속에 없는 답을 모두 수록한 진정한 과학의 백과사전이 바로 『수능엄경』입니다. 경전을 읽어 보면 그러한 진실에 다시 한 번 놀랄 것입니다.

두려울 것 없는 필자가 굳이 이 책을 펴내는 까닭은 인류의 환각을 깨뜨리기 위해 애쓰는 과학도들과 지성들에게 부처님의 말씀, 『수능엄경』의 참된 가치를 알려 드리기 위해서입니다.

2011년 4월

千明一 합장

차례

서문 | 5

서장

제1장 마음의 고향 묘각妙覺으로 가는 길 | 13
    마음의 생원설生原說 | 16

제2장 묘각妙覺 | 24
제3장 경전을 보는 오안설五眼說 | 28
    경전을 보는 상식 ① 여시아문如是我聞 | 32
    경전을 보는 상식 ② 고전 시어詩語로 된 경문, 진언眞言 | 37

수능엄경 제1권

서분序分
이 경을 설하시게 된 인연을 밝히다 | 45

정종분正宗分
경의 내용에 있어서 중요한 부분 | 72

1. 안에도 밖에도 중간에도 없는 망령된 마음을 밝히다 | 72
2. 견見이 곧 진심眞心이다 | 99
3. 견見은 드러내 보이는 자로 움직이지 않는다 | 119

수능엄경 제2권

4. 환히 드러내 보이는 견성見性은 어디로 돌아갈 데가 없다 | 145
5. 견見은 혼란하지 않다 | 152
6. 견見은 걸림이 없다 | 157
7. 견見은 분석할 수 없다 | 161
8. 견見은 사량思量 분별을 초월한 것 | 171
9. 견見은 시視를 여의었다 | 178
10. 망妄에서 진眞을 보임 | 182
11. 네 조목에서 여래장如來藏을 보임 | 197
    ① 오음五陰이 곧 여래장如來藏 | 197

수능엄경 제3권

② 육입六入이 곧 여래장如來藏 | 209
③ 십이처十二處가 곧 여래장 | 222
④ 십팔계十八界가 곧 여래장 | 233
12. 칠대七大에서 여래장을 보이다 | 249
13. 아난이 기뻐하다 | 277

제1장
마음의 고향 묘각妙覺으로 가는 길

앞으로 『수능엄경首楞嚴經』 원문을 상·중·하 세 권으로 나누어 해설할 것입니다. 해설에 들어가기에 앞서 간략하게나마 여러 가지 기본 상식을 설명할 것입니다. 불교 경전을 보고 수행을 하실 분들은 말할 것도 없고 일반 세인들도 누구나 할 것 없이 모두 참고로 잘 읽어 두기를 바랍니다. 그래야만 필자가 『수능엄경』을 번역이 아닌 의역으로 해설하는 내용을 쉽게 이해할 수 있을 것입니다.

우선 우리가 항시 쓰는 마음摩陰과 심心에 대하여 소개를 하고 넘어가겠습니다.

『수능엄경』에서는 마음의 실상에 대하여 구체적으로 밝히고 있습니다. 우리는 마음으로 살고 있습니다. 마음으로 온갖 생각을 하고 온갖 행위를 하며 살고 있습니다. 마음으로 온갖 즐거움과 괴로움을 감당하며 살아가고 있습니다. 분명히 마음으로 살고 이 마음으로 죽어 가고 있습니다. 그런데 우리는 이 마음에 대하여 아무것도 모릅니다. 참으로 이상한 일입니다. 벌레의 뱃속은 들여다보고 박사학위도 받으면서, 무슨 까닭인지 스스로 쓰고 있는 제 마음에 관해서는 알려고도 하지 않을뿐더러 아무것도 모릅니다. 이것이 인류의 불행입니다.

금세기 사람들이 자랑하는 과학문명이라는 것이 만들어 내는 것도 인간이 마음으로 만든 것입니다. 그러나 영혼이 없는 쇳덩어리입니다. 그것을 달나라로 보내고 전자장비로 사람을 만들면서도 제 자신의 마음에 대해서는 까맣게 모릅니다. 이것이 진실로 알 수 없는 기적 아닌 기적(?)입니다.

자신이 소중히 쓰고 있는 마음摩陰이 무엇이고 심心이 무엇인지 생각도 해 보지 않고서 학문이 어떻고 과학문명이 어떻고 철학과 종교와 신神이 어떻고 하며 부질없이 OX문제의 시험만 죽도록 보아 온 것이 우리의 현실입니다.

만생명이 금쪽같이 쓰고 있는 제 마음을 아는 일이 가장 중요하다는 것은 두말이 필요없습니다. 바로 이 마음이 나의 주인공이요, 삼라만상의 주인공이기 때문입니다.

프로이트가 정신을 분석해 보았다는 것은 놀라운 발상입니다. 물론 정신은 분석의 문제가 아니고 증발시켜 버려야 할 해탈의 문제입니다. 그래도 마음, 정신은 인류가 지대한 관심을 갖고 연구하고 분석도 해 보고, 깨쳐야 할 중차대한 문제입니다. 그런데 사람들 절대다수가 만고에 부질없는 신기루 같은 신神이나 찾고, 저 밤안개 같은 문자 속이나 관찰하면서 평범한 상식과 지식의 높이를 재는 것으로 만족합니다.

누가 뭐래도 내가 누구인가를 알아야 하고, 깨쳐야 합니다. 나를 모르고는 아무것도 안다고 할 수 없습니다. 나를 안다는 것은 무의식의 낙원인 어머니의 뱃속에서, 몽유삼매夢遊三昧에서 즐겼던 쾌적한 몰아지경沒我之境의 행복을 기억하는 일입니다. 그 정도는 그만두고라도 적어도 한 살, 두 살, 세 살 때에 잠재의식 속에서 최면을 즐겼던 기억은 있어야 합니다.

신화 같은 잠재의식 속에서 즐겼던 동화의 생태학도 까맣게 모르면서 신神을 알았다는 사람들, 박학한 식지識者들이 지구상에는 수없이 왔다 갔습니다. 그러나 그들은 마음이 무엇이고, 정신이 무엇이며, 자신이 누구인지를 도무지 알 수 없도록 오묘한(?) 무지의 베일을 씌워 놓고 갔습니다!

그들이 지구상에 쏟아놓은 깨알같이 많은 신학과 학설은 그야말로 세속의 지혜, 편견, 반쪽짜리 지혜(一支半解)일 수밖에 없습니다. 그들은 한결같이 공간 밖에서 우주를 보지 못했고, 시간 밖에서 세상을 보지 못했습니다. 그렇다 보니 자기 스스로 일생 동안 편히 잘 쓰고 살아온 마음에 대해서는 어디에도 언급한 바가 없습니다. 물론 마음을 금쪽같이 잘 쓰라는 훈계조의 교설은 귀가 아프도록 남겼습니다.

석존은 모든 중생들이 스스로 쓰고 있는 그 마음으로 말미암아 천당과 지옥을 부리나케 들락이며 쏘다니는 그 미친병을 어떻게 하면 치료할까 하고 고심하신 끝에 우선 최선의 방편으로 출가 사문의 길을 열어 놓으셨습니다. 일단 도적과 같은 저 마음의 소굴인 세속으로부터 멀리 도피시켜 놓아야만 했습니다. 오직 출가의 길만이 억조창생의 몹쓸 몸과 마음을 맑히고 밝히는 최선의 방편이기 때문이었습니다. 마침내 부처님은 최상의 지혜로 마음과 식심識心의 허구성을 귀납추리의 논리학으로 제자들에게 자세히 밝히셨습니다. 무지한 중생의 먹장 같은 마음과 식심들을 청정 묘각妙覺의 여래장如來藏으로 영원히 잠들게 하셨습니다. 바로 그 말씀의 모음이 『수능엄경』입니다.

마음의 생원설生原說

진리의 실상을 설파하는 데는 은유와 비유로 된 우화가 제일입니다. 심증은 있고 물증이 없는 깨달음의 각성을 밝히는 귀납추리의 논리학은 말을 잘한다는 변재천녀辯才天女의 입술입니다. 플라톤의 변명辨明이 소크라테스를 영생케 한 것처럼 지금 여기 필자의 변명은 부처님의 말씀인 『수능엄경』을 시방세계에 알리는 가장 아름다운 변명이 될 것입니다.

마음이 생길 때, 태양은 묘각妙覺이고 태양의 빛은 각성覺性입니다.

태양의 빛이 서산으로 넘어가면 천지는 서서히 어두워집니다. 묘각과 같은 태양의 빛은 이미 서산으로 넘어갔지만, 보이지 않는 일광의 여명黎明으로 천지는 황홀합니다. 황홀히 환하다가 점점 어둑해집니다. 어둑하다가 마침내 캄캄해집니다. 이러한 일몰 현상의 한 과정은 흡사 중생들이 태양과 같은 묘각을 등지고 생긴 마음의 생리와 똑같습니다.

여기서 황홀히 환한 분야는 마음의 속성 가운데서는 잠 깬 상태의 의식意識이 되었고, 어둑해진 분야는 분별망상의 잠재의식潛在意識이 되었으며, 캄캄하게 어두워진 분야는 잠든 상태의 무의식無意識이 되었습니다. 이를 통칭 마음摩陰이라 했습니다.

이와 같은 이치로 생긴 마음의 실상을 극명하게 잘 묘사한 도표가 있습니다. 그것은 다름 아닌 태극도太極圖입니다. 태극도는 마음이 생기게 된 원리를 기가 막히게 잘 설명하

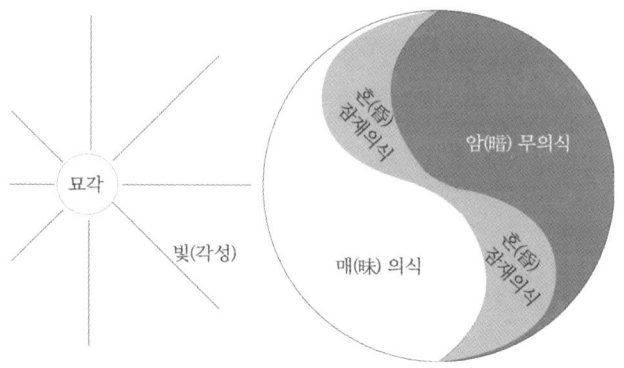

고 있습니다. 태극도야말로 인류 의식의 최첨단 지혜가 밝힌 마음의 청사진입니다.

묘각의 빛으로 말미암아, 일몰 현상으로 빚어진 마음의 속성 가운데서 양면성을 가진 잠재의식으로 말미암아 밝고 어두운 명암明暗 차원의 의식과 무의식으로 상대하게 되었습니다.

이렇게 해서 생긴 의식과 무의식의 명암의 독특한 성질을 옛 사람들은 음양陰陽이라 이름지었습니다. 바로 이 의식과 무의식의 성질을 가진 음양이 서로 오래 대립되는 과정에서 허망하게 음성陰性은 차갑게 되었고, 양성陽性은 따뜻하게 되었습니다. 이 냉성冷性과 온성溫性이 서로 밀고 당기는 반작용으로 말미암아 공연히 움직이는 행위行爲가 생기게 되었습니다. 바로 이 행위가 만법이 일어나게 된 시원始原이 됩니다. 이 행위를 부처님은 '업業'이라 이름 붙였습니다.

마음이라는 무명無明에서 허망하게 일어난 행위로 말미암아 영적靈的으로는 12연기緣起로 빚어진 생로병사生老病死와 우비고뇌憂悲苦惱가 존재하게 되었고, 끝없는 번뇌망상의 업력으로는 12류 중생이 생기게 되었습니다.

바로 이 '행行'은 무명이라는 마음에서 일어나는데, 이 행行을 업業이라 하고 이 업이 곧 생명성의 장난입니다. 불법에서 묘법이라 이름하는 12연기의 시원도 마음에서 출발합니다. 또한 이 행위의 철리로는 만법의 기틀이 되고 있는 음양오행의 물리가 나오게 되었을 뿐만 아니라 이 음양오행이 상보相補 · 상생相生 · 상극相剋하는 속성으로 말미암아 사람의 몸에는 오장五臟 오부五腑와 손 · 발가락이 다섯 개씩으로 벌어지게 되었습니다. 이 모든 인체구조의 신비는 서양철학에서 말하는 정반합正反合 이론으로도 증명되는 음양오행의 성리性理로 창조된 것입니다.

이렇게 우리들의 마음 가운데는 불가사의한 신비가 한둘이 아닙니다. 마음으로부터 벌어지게 된 세 개의 각성覺性의 터널이 우리들의 몸에서는 척추신경을 총감독하는 독맥督脈과 복부로는 복중신경을 자율화시키는 영국의 여왕 같은 임맥任脈이 있습니다. 또 한편으로는 배꼽을 중심으로 해서 전후 상하 나선형으로 유주하는 신비의 대맥帶脈이 있습니다.

서장

마음 가운데는 이 세 개의 각성 터널이 있어 의식의 시스템을 관장하고 있는 머리에 이상이 생기면 누구나 벼락같이 좌우 반신불수나 상하 반신마비가 옵니다.

이 세 개의 깨닫고 아는 3대식성三大識性을 가진 삼맥三脈은 의식의 독맥과, 잠재의식의 대맥과, 무의식의 임맥입니다. 우리들의 마음입니다. 이 마음을 둘둘 말아서 창조된 우리들의 몸에서 전신을 상하좌우로 유주流注하는 삼맥의 모습은 놀랍게도 오늘날 생명과학자들이 밝히고 있는 DNA라는 유전자가 서로 뒤엉켜서 유주하는 모습과 너무나 똑같습니다. 그래서 필자는 D는 의식의 독맥과 같고, N은 잠재의식의 대맥과 흡사하며, A는 무의식의 임맥과 매우 유사하다고 생각합니다. 오늘날 생명과학자들은 반드시 필자의 추리를 깊이 연구해 보셔야 할 것입니다. 그러면 반드시 DNA의 불가사의가 고등심리학으로 풀릴 것입니다.

중생의 각성을 특별히 의식과 무의식으로 자연스럽게 분류시킨 잠재의식은 양면성을 가진 중성입니다. 중간자와 같은 이 잠재의식이 좌와 우로 교묘하게 교감을 하면 무의식 쪽으로는 3음三陰(자율신경계, 미주신경계, 교감신경계)과 의식 쪽으로는 3양三陽(운동신경계, 지각신경계, 감각신경계)으로 분류되면서 깨닫고 아는 식성識性의 통로가 여섯 개로 나누어지게 됩니다. 이를 고전 침구학에서는 6경六經이라 합니다.

이 삼음삼양三陰三陽의 6경은 마음의 속성 가운데 삼맥이라는 각성의 터널이 십자로와 같이 상하좌우로 양분되면서 중생의 두부頭部(六根 : 眼·耳·鼻·舌·身·意)에는 각성의 빛인 6각六覺이 잠재하게 됩니다. 6각이 안과 밖으로 반연하는 식성識性으로 말미암아 사유분별을 하는 6식六識이 나오게 됩니다. 그 6식의 식심識心을 고래로 속칭 '심心'이라 칭해 왔습니다. 이와 같은 이치로 '마음'과 '심'의 혈통관계를 생각해 보면 마음은 어머니와 같고 심은 아들과 같습니다.

또한 묘각妙覺과 마음摩陰의 연비관계를 어떻게 정리해 보면 좋을까요? 옛날 선각자들은 월인천강月印千江이라고 간명하게 밝혔습니다. 그 법구法句의 뜻은 이렇습니다. 묘각과 같은 공중에 뜬 달은 하나인데 그 하나의 달이 천 강 만 강에 도장을 찍은 듯이 비치었다, 그 비친 달은 시방세계 중생들의 마음과 똑같다는 뜻으로 월인천강이라는 시어詩語로 표현했던 것입니다.

'진리의 씨앗'이라는 의미를 가진 인도인의 지혜는 일찍이 묘각과 마음의 관계를 월인月印 천강千江으로 보고 인도印度라 했습니다. 그래서 그 국토에서는 무수한 부처님이 탄생하셨던 것입니다. 고래로 인간의 영혼을 '마음摩陰'이라고 한 것은, 묘각의 빛을 등지고 각성의 그림자로 허망하게 마음이 생겼다 해서 클 마摩 자와 그늘 음陰 자를 써서 마음摩陰이라고 한 것입니다. 우리는 어쩌다 이 지경으로 묘각의 빛을 등지고 그 빛의 그림자인 마음으로 살며 생사를 끝없이 윤회하게 되었습니다. 저 태양의 십조 배나 더 밝은 본래 묘각의 빛을 잃고 말입니다.

마음과 심의 관계를 좀 더 부연설명 하면, 마음의 속명은 '심心'입니다. 심心은 마음의 사생아입니다. 시방세계를 싸고 있는 우주적인 마음의 속성 가운데는 각성이 유주하는 세 개의 터널이 있고, 이 삼맥의 터널은 신성불가침의 영역이며, 이것은 오늘날 생명과학자들이 밝히고 있는 DNA라는 유전자로서 그 세 개의 터널은 의식, 잠재의식, 무의식이 유주하는 특수신경의 터널로서 이를 고전 침구학에서는 삼맥이라 한다고 앞에서 이미 밝혔습니다.

이 삼맥의 각성을 농축시킨 유전자는 다름 아닌 심성心性입니다. 이 심성을 가진 유전자가 같은 것은 밀어 내고 다른 것은 잡아당기는(同反異合) 상보법칙相補法則에 의하여 삼맥의 심성은 양면으로 갈라지게 됩니다.

이러한 이치로 좌뇌 우뇌가 잘못되면 독맥과 임맥을 중심으로 해서 좌우 반신마비가 생기게 되고, 뇌간에 이상이 오면 배꼽을 중심으로 한 대맥으로는 상하 마비가 생기게 됩니다.
　이렇게 양면성으로 갈라진 양심兩心은 다시 3음三陰과 3양三陽으로 나뉩니다. 이 여섯 개의 정신 신경계의 세포 줄기는 마음의 유전자와 같은 심성에서 발아되어 나옵니다. 이 여섯 개의 굵은 정신 신경세포 줄기가 나선형으로 회오리치며 머리 쪽으로 올라가서는 달팽이집 같은 여섯 개의 구멍인 6근六根을 만들고 상하부로 교감이 되면서 12신경계가 전신을 중중첩첩으로 감싸게 됩니다.
　저 두부頭部에는 특수 각성이 왕래하는 여섯 개의 소굴이 있는데 이를 6근이라 하고, 6근을 지각하는 식성을 6식六識이라 합니다. 또한 6근에 반연된 6식을 감별하는 식심을 심心이라 부릅니다.
　이렇게라도 간단히 나 자신의 마음과 마음의 반연으로 생긴 식심의 심心을 이해해야만 허구망상으로 만들어진 마음의 허물을 벗어던지고 본묘각으로 돌아가는 길을 환하게 아는 지혜가 열리게 됩니다.

제2장
묘각妙覺

삼세제불이 정각正覺을 이루셨다는 말씀은 바로 묘각을 성취하셨다는 뜻입니다. 더 이상 깨달을 것 없는 깨달음을 구경각究竟覺이라 합니다. 곧 묘각妙覺입니다. 묘각이 무엇인가를 어림유추라도 해야만 합니다. 바로 그 묘각이 우리들의 마음의 고향이고 묘각은 일체 중생의 마음이 반드시 돌아가야만 할 영원한 고향이기 때문입니다.

모든 생명은 귀소본능이 있습니다. 귀소본능의 욕구로 지구상에는 무수한 종교가 우후죽순처럼 난립하게 되었습니다. 하지만 저들은 자기 내면으로 돌아가고자 하는 자성회복의 귀소본능이 아니고 절대신과의 돈독한 종속관계를 갈애하는 맹신의 신자들입니다.

진리의 씨앗이라는 인도印度의 종교가 남다른 이유가 여기에 있습니다. 인도의 종교는 자아 발견을 추구하는 수행 체

계입니다. 신의 영험을 기구하는 무속 종교가 아닙니다. 하지만 모두 자성 회복의 자아 발견에는 실패하고 말았습니다. 그 큰 이유는 묘각을 성취하신 석가세존의 깨달음이 무엇인가를 잘 몰랐기 때문입니다.

마음의 고향 묘각은 마음을 초월한 저쪽입니다. 도피안到彼岸이라고도 말하는 마음 저쪽에 대광명장인 묘각이 활짝 열려 있습니다. 이러한 진실을 모르기 때문에 세월없이 신기루 같은 저 허망한 마음을 가지고 도를 닦습니다. 마치 흙을 가지고 금부처를 만들려는 꼴입니다. 필경에는 다 지치고 맙니다. 그 이유는 마음이 아닌 각성覺性으로 묘각을 의식하는 반조회관返照廻觀의 관법을 써야 하는데 그렇지 않기 때문입니다.

세존께서는 깨달음의 근본을 묘각이라 이름 붙였습니다. 우리는 비록 묘각을 깨닫지는 못했다 하더라도 어림짐작은 할 수 있습니다. 세존과 같이 실제로 묘각을 보지는 못하더라도 영민한 감성으로 느낄 수는 있습니다.

묘각의 참모습을 대승경전에서는 잘 밝히고 있습니다. 석존은 대각을 이루시고 보름 만에 묘각의 경계가 어떠한가를 밝히셨습니다. 그 경이 '대방광불화엄경大方廣佛華嚴經'입니다. 이 『화엄경』에서 묘각의 실상을 극명하게 잘 밝히셨습니다. 그 경명經名을 우리말로 쉽게 풀면 '다방면으로 광장설을 하신 부처님의 빛나는 장엄의 경'입니다.

또 『원각경圓覺經』에는 12대보살들에게 묘각으로 돌아가는 수행 방편을 밝히시는 과정에서 묘각의 신비로움을 신통대광명장神通大光明藏이라고 기록하고 있습니다. 특히 『수능엄경』에서는 묘각에 대하여 일반 세속인의 상식으로 이해할 수 있는 논리학으로 잘 밝혀 두셨습니다.

대각세존께서 성취하신 묘각을 본묘각本妙覺이라 이름하고 그 묘각의 불가사의한 복덕상을 눈의 광명상으로는 천백억의 일월日月보다도 더 밝다고 설명하셨습니다. 왜냐하면 밝고 어둠을 온통 다 드러내 보이기 때문입니다. 또 소리로는 묘음이라 하셨는데, 소리가 있고 없음이 온통 다 드러나 들리기 때문입니다. 향기로는 묘향이라 했는데, 향기가 있고 없음이 온통 다 드러나기 때문입니다. 맛으로는 묘미라 했는데, 맛이 있고 없음이 온통 다 드러나기 때문입니다. 몸으로는 묘색신이라 했는데, 온갖 몸이 있고 없음이 온통 다 드러나 보이기 때문입니다. 앎으로 묘각이라 함은 알고 모르고를 모두 총지總持하고 있기 때문입니다.

경문에서는 본묘각이 너무나 밝으므로 묘각을 명묘明妙라 했는데, 명묘한 본각이 시방세계를 두루 머금은 각성의 성품이 실로 '묘하게 밝다' 해서 묘명妙明하다고 하셨습니다. 이 뜻을 줄여서 본각은 명묘하고 시각始覺은 묘명妙明하다고 합니다. 본각은 두루 다 환히 드러내기만 하므로 명묘라 하고, 시각은 일체를 두루 다 깨닫고 아는 앎의 신비를 밝히므로 묘명이라 합니다.

일체를 다 밝게 깨닫고 아는 시각이 본래로 묘하게 밝으므로 묘명妙明이라 한다고 하셨습니다. 본래로 깨닫고 아는 시각이 묘명하므로 있고 없음과 밝고 어둠을 막론하고 일체를 속속들이 다 드러내 보이고, 동시에 다 깨닫고 알므로 시각始覺은 묘명하다고 하신 것입니다.

이제 사찰에서 큰 법당의 이름을 광명전光明殿, 대적광전大寂光殿, 보적광전寶寂光殿, 보광전普光殿, 무량광전無量光殿 등이라 하는 이유를 알았을 것입니다. 이미 묘각을 성취하신 부처님과 일체 중생이 앞으로 성취할 본묘각의 밝음이 명묘하고 묘명하다는 의미로 붙여진 이름들입니다.

제3장
경전을 보는 오안설五眼說

 지구상에는 굵직한 종교들이 있습니다. 그 종교들의 얼굴이라 할 수 있는 성전들이 있습니다. 그러한 성전들은 우리들의 육안을 필요로 하지 않습니다. 무조건 맹목적인 맹신이 뒤따라야만 신神의 이름으로 축복받는 백점짜리 신행자가 되기 때문입니다.
 그러나 불교는 아닙니다. 불교는 신의 축복을 비는 종교가 아닙니다. 절대로 일반적인 신행의 종교가 아닙니다. 오로지 깨달음이 일어나는 앎의 길입니다. 상식과 지식을 초월하는 지혜의 길입니다. 지혜의 길이므로 반드시 밝은 눈이 있어야만 합니다. 그 눈도 한 개가 아니고 다섯 개가 있어야 합니다. 반드시 다섯 개의 눈을 갖추어야만 자기 마음의 고향으로 돌아가는 옳은 길을 볼 수가 있습니다.
 첫째 눈은 우리들의 육안肉眼입니다. 육안은 빛이 있으면 보고 빛이 없으면 못 봅니다. 본다 해도 촌치밖에 못 보는 눈입니다.

두 번째로 천안天眼입니다. 천안은 빛이 있고 없음과는 아무 상관이 없는 눈입니다. 실제 우리 눈과는 아무 상관이 없는 눈입니다. 이 천안은 우리들이 평상시 쓰는 식심識心이 사라지면 확 열리는 마음의 눈입니다. 마음의 눈은 제8식 마음 가운데 진여식眞如識으로 보는 눈으로서 염부제라고 하는 한 태양계 안의 세계를 콩알만 하게 보는 눈입니다. 이 천안이 열리게 되면 경전에 나오는 천상 세계와 천상의 제왕들을 다 보고 용과 팔부신중들과 지구권 밖에서 생존하고 있는 가루라, 긴나라, 마후라가 등과 세상의 사람과 비슷한데 사람은 아닌 인비인人非人 등을 다 볼 수 있습니다. 그러므로 여러분들의 조상들이 죽어서 지금 어디에 환생해 있는가도 환히 볼 수 있습니다.

세 번째의 눈으로는 혜안慧眼이 있습니다. 이 혜안이 열려야만 각성覺性의 영역인 깨달음의 경계를 볼 수 있습니다. 마치 잠에서 깬 사람이 자고 있는 사람과 잠 깬 사람을 다 알아보듯 말입니다. 모든 성중聖衆들을 다 볼 수가 있으므로 경전에 나오는 아라한이나 벽지불 그리고 범천梵天들을 다 보고 알 수가 있습니다. 부처님의 제자로서는 수보리가 제일 먼저 혜안慧眼이 열려 공空의 도리를 밝게 깨쳤으므로 해공제일解空第一이라는 별칭을 얻었습니다. 비록 보살들의 청정한 법신法身은 못 보지만 우리들이 늘 쓰고 있는 식심識心과 마음摩陰이 사라진 성중聖衆들은 얼마든지 볼 수 있습니다.

네 번째로 법안法眼이 있습니다. 이 법안은 묘각으로 들어가는 첫 단계인 등각等覺에서부터 열리는 눈입니다. 묘각으로 올라가는 데 열두 단계가 있습니다. 그 첫 단계인 등각에 들어가면 은하계 삼천 개의 대천세계를 환히 본다고 합니다. 이 법안은 육바라밀을 잘 닦은 보살들에게만 열리는 눈입니다. 법안은 각성의 빛으로 보는 눈이기 때문에 이때 비로소 불경에 기록된 불보살들의 거룩한 모습을 환히 다 봅니다. 그러므로 이승과二乘果에 속하는 성문, 나한, 벽지불들의 경계를 환히 다 봅니다.

하지만 아직 부처님의 경계는 못 본다고 합니다.『묘법연화경妙法蓮華經』「묘음보살래왕품妙音菩薩來往品」을 보면 보탑 안에 석존과 함께 앉아 계시는 다보여래를 묘음보살이 전연 볼 수가 없으므로 석존께 "세존이시여, 다보여래를 친히 뵙기를 원하옵니다." 하고 간청합니다.

이에 석존께서 다보여래께 "지금 묘음보살이 여래 뵙기를 원하옵니다."라고 하심에 다보여래께서 "어서 오너라. 묘음보살이여!" 하시며 반기는 순간 묘각을 성취하신 여래의 위신력으로 묘각여래妙覺如來의 법신을 겨우 친견하실 수 있었습니다. 이렇게 부처님의 진신을 친견할 수 없는 것은 보살의 경계에서는 불안佛眼이 없기 때문입니다.

다섯 번째로 불안佛眼입니다. 불안은 부처님의 눈입니다. 한마디로 자기가 자기 눈을 보는 눈입니다. 부처님은 불안으로 미진수 제불국토를 다 보시고 다 아시므로 제자들에게 그대는 언제, 어느 때 반드시 성불을 하며 이름은 무엇이라 하리라고 수기授記를 주시는 것입니다. 바로 『묘법연화경』의 눈입니다. 그러므로 불안佛眼은 불가설불가설 무량한 공덕과 무량한 지혜와 무량한 대신통의 눈입니다. 언설문자로는 설명이 끝이 없는 대반열반大般涅槃의 눈이므로 각설합니다.

경전을 보는 상식 ①
여시아문如是我聞

  2,500여 년 전에 이 세상에 오셨던 석가세존의 말씀을 기록한 경문經文으로 들어가 봅시다. 대장경大藏經을 펴 보면 첫 서두는 반드시 여시아문如是我聞으로 시작합니다.
  팔만장경은 부처님의 상수제자 가섭이 주축이 되어 오백 명의 아라한과 함께 왕사성 칠엽굴에서 편집되었다고 합니다. 대가섭은 물론 오백의 아라한들은 모두 성문聲聞으로서 천만 리 밖에서도 부처님의 말씀을 다 들을 수 있었던 분들입니다. 본래 성문이란 아나함이나 아라한과에 들어가면 부처님이 곁에서 무슨 말씀을 하지 않아도 부처님이 마음속으로 하시는 법문의 소리를 다 들을 수 있습니다. 이러한 천이통 영역에 오른 제자들을 성문이라 부릅니다. 그러므로 성문들은 꼭 말씀의 소리, 음성이 아닌 일체 중생의 내면의 소리까지도 들을 수 있었습니다.

이러한 역사적 사실은 인도에서 석존보다 좀 앞선 시기에 왕자로서 고행 끝에 식심분별의 마음을 벗어 버리고 빛나는 각성으로 몰입한 마하비라의 제자들 중에도 성문이 있었다는 기록이 있습니다. 그것은 자이나교의 교전이 완성된 전설이 말해 주고 있습니다. 자이나교의 성전은 마하비라가 입으로 직접 말한 내용을 기록한 성전이 아니라고 합니다. 마하비라가 임종 직전에 제자들을 앉혀 놓고 삼매 중에서 한 침묵의 소리를 제자들이 모두 다 같이 듣고 그대로 받아 적은 경經이라 합니다.

부처님의 대장경도 이와 같은 맥락에서 편집이 되었습니다. 그러한 사실을 입증할 수 있는 좋은 예로는 인간으로서 최고 기억력의 소유자인 아난의 여시아문如是我聞 설화를 들어 보면 충분히 이해가 될 것입니다.

세존이 열반에 드신 3개월 후에 인도 왕사성 칠엽굴에서는 부처님이 남기신 말씀을 정리해서 기록하는 장경불사로 엄숙했습니다. 물론 장경불사의 총책은 여래의 장자 대가섭 존자였습니다. 아난이 소식을 듣고 찾아갔습니다. 아난은 스스로 '내가 아니면 절대로 경전이 제대로 편집될 수 없으리라' 생각했습니다. 그런데 뜻밖에도 불가의 집안에서는 형님으로 누구보다 깍듯이 모시는 가섭 존자로부터 심한 문전박대를 당하고

서장 33

쫓겨나고 말았습니다.

아난은 세존이 열반하신 후에도 아직 식심분별의 마음을 벗어 던지지 못했습니다. 마음을 증발시키지 않고는 경전불사에 참여할 수 없다는 사실을 아난은 까맣게 몰랐습니다. 다만 '내가 아니면 절대로 불전을 펼 수 없을 것'이라 생각하고 가섭에게 쫓겨나면서도 항변을 했으나 가섭은 오히려 박절하게 소리를 쳤습니다. "당장 나가거라! 여기가 어디라고 함부로 들어오느냐! 어서 칠엽굴 밖에 서 있는 저 찰간(일주문)의 문이나 부수고 오너라." 하며 고함을 쳤습니다. 아난은 심한 학대와 모욕감에 울먹이며 일주문 밖으로 나왔습니다. 일주문 밖에서 생각해 보니 부처님의 집안사람들에게 이 모양으로 박절하게 추방을 당한 자신이 너무나 한심스러워 삼일 삼야를 자지도 먹지도 않고 앉았다가 홀연히 꿈같은 마음이 사라지면서 각성의 빛이 시방세계를 삼켜 버리는 지혜가 활짝 열렸습니다.

너무나 기쁜 나머지 칠엽굴로 뛰어간 아난은 굴 문 밖에서 "형님! 형님!" 하고 가섭 존자를 불렀습니다. 굴 안에서 가섭 존자가 소리를 쳤습니다. "네가 무얼 알았으면 네 스스로 문 구멍으로 들어올 일이지 왜 나를 부르느냐?" 아난이 "예! 알았습니다!" 하고는 열쇠 구멍으로 들어오니 삼세제불의 장경藏經이 깨달음으로 빛나는 아난을 부둥켜안고는 여시아문如是我聞

의 춤을 두둥실 추었다고 합니다.

자! 지금부터 '여시아문如是我聞'이 시작됩니다. 아난이 삼명육통三明六通이 열려 진정한 성문이 되었음을 확인한 가섭 존자가 아난을 칠엽굴 법상 위에 앉혀 놓고 경전을 외우게 한 첫날에 일어난 상서로운 이적이 전해 옵니다.

아난이 의복을 정제하고 법상에서 결가부좌를 맺자 갑자기 시방세계가 광명으로 환해지면서 아난의 몸에 서광이 찬란히 비치고 얼굴이 세존처럼 환하게 밝아졌습니다. 순간 아난은 한없이 눈물을 흘리고 울었습니다.

온 대중이 갑작스러운 희유한 상서에 놀라워 아난을 바라보는 가운데 설법의 서두에 '여시아문'으로 시작하는 역사적인 경사가 일어났습니다. 신통하게도 아난이 설법을 하는 자세가 심상치 않았습니다. 설법을 하는 모습이 부처님 생존 시의 경외로운 위의와 똑같았습니다. 설법하는 품위가 부처님과 똑같았고, 법을 설하는 음성이 부처님의 음성과 똑같았고, 설법의 용어가 부처님이 평소에 쓰시던 언어와 똑같았고, 법문의 내용이 부처님의 뜻과 똑같았습니다. 이를 사등법四等法이라고 합니다.

아난은 이와 같은 부처님의 사등법의 위신력이 전신에 미치자 절로 부처님 생각이 너무나 간절하여 한없이 눈물을 쏟았습니다. 이 순간 "여시아문如是我聞, 나는 여래로부터 이와 같이 들었노라!" 하면서 팔만대장경이 아난의 입에서 흘러 나왔던 것입니다.

물론 『화엄경』 같은 대승경전은 아난의 입으로 설한 것이 아닙니다. 부처님이 밝히신 바에 의하면 아난이 듣지 못한 경전들은 후세에 홍광보살弘廣菩薩들이 세상에 나와서 설한다고 하셨습니다. 그 홍광보살들이 설한 경전도 서두는 여시아문如是我聞으로 시작합니다. 그 이유는 간단합니다. 모든 보살들은 부처님이 입으로 설하시는 말씀만 듣는 것이 아니고, 마음속으로 설하시는 모든 것을 법안으로 환히 다 봅니다. 법음法音을 그대로 듣고 보고 하기 때문에 여타의 경전처럼 '여시아문如是我聞'이라 하였던 것입니다.

경전을 보는 상식 ②
고전 시어詩語로 된 경문, 진언眞言

 이제 여러분들은 불경佛經이 왜 그렇게 어려운가를 알았을 것입니다. 깊고 높은 의미로는 위에서 본 바와 같이 아난 같은 성자도 마음을 가지고는 경전을 편찬하는 성지에 발을 들여놓지 못했습니다. 그런데 말세의 범부들이야 말해 무엇 하겠습니까?
 지금 우리가 접한 경전들은 금세기 초에 구마라집이나 불공不空 법사 같은 삼장법사들이 번역하여 전한 것입니다. 전하는 과정에서 얼마나 많은 어려움과 고역을 치렀겠습니까? 무엇보다 언어와 문자의 장벽에 많은 고생을 하였습니다.
 본래 72음계로 구성되어 있는 산스크리트어의 경문을 동방의 한문권 민족에게 전한다는 것은 엄청난 고역입니다. 하지만 분명히 말씀드립니다만, 저 삼장법사들은 부처님이 일찍이 인가하신 홍광보살들입니다. 일반 사람의 두뇌로는 어림도 없습니다. 그러므로 등각보살들의 법안으로 의역을 해서 한문에 뜻을 담은 불전들은 전부가 고전古典 시어詩語로 기록될 수밖에 없었습니다.

고전 시어는 대체로 말의 뜻을 연결해 주는 조어사가 배제되어 있습니다. 그래서 문장의 어미를 연결시켜 주는 조어사나 부사가 전무합니다. 그렇다 보니 그 문장의 의미를 해독하기가 무척 어렵습니다. 그래서 불경을 소설처럼 읽어 보려고 하면 실망을 합니다.

사구 시어四句詩語를 불경에서는 사구게四句偈라 합니다. 사구 시어는 흡사 원석의 다이아몬드를 뛰어난 가공사가 잘 다듬어 놓은 것과 같습니다. 다이아몬드는 보이는 방향에 따라 다양한 색깔을 나타냅니다. 그와 마찬가지로 누구나 자신의 취향에 따라 소신껏 읽고 외우며 생각대로 느끼면 그만입니다.

사구 시어는 여래의 비밀이 가득한 불가사의한 진언입니다. 환자는 명의가 주는 약을 먹고 병이 나으면 그만입니다. 그 약이 미국산인지, 일본산인지 따지는 것은 어리석은 일입니다. 진언도 이와 같습니다.

불경은 많이 아느냐 적게 아느냐를 따지는 지식의 잣대로 판단하거나 평가할 수 없습니다. 경전에 있는 말씀의 뜻을 한 구절이라도 스스로 수행을 통해서 체험하고 영험이 있으면 그만입니다. 그 체험과 영험이 곧 그 경문의 참뜻이 됩니다. 진언은 부지런히 수지독송受持讀誦하고 서사해설書寫解說을 하면서 스스로 느끼고 즐기면 저절로 생사의 중병을 다스리는 불사약이 됩니다.

수능엄경首楞嚴經

천축天竺 사문 반라밀제般刺密諦 역譯

서분序分

이 경을 설하시게 된 인연을 밝히다

如是我聞 一時 佛在室羅筏城 祇桓精舍 與大比丘衆 千二
여시아문 일시 불재실라벌성 기원정사 여대비구중 천이
百五十人俱 皆是無漏大阿羅漢。
백오십인구 개시무루대아라한

나는 여래로부터 이와 같이 들었습니다.

한때에 부처님께서 실라벌성 안에 있는 수행도량인 기원정사에서 훌륭하신 비구들 천이백오십 명과 함께 계셨습니다. 그들은 모두 중생들처럼 무슨 색깔이나 소리나 향기나 맛이나 촉감이나 알음알이를 따라 세월없이 흘러다니는 어리석음의 '번뇌(漏)'를 벗어난 이들입니다. 이미 오감五感을 멸해 버리고 깨달음이라는 각성의 빛 속에 머물러 있는 이들입니다. 모두 식심識心으로 일어나는 모든 번뇌를 다 정화해 버린 거룩한 아라한입니다.

佛子住持 善超諸有 能於國土 成就威儀 從佛轉輪 妙堪遺
불자주지 선초제유 능어국토 성취위의 종불전륜 묘감유
囑 嚴淨毗尼 弘範三界 應身無量 度脫衆生 拔濟未來 越諸
촉　암정비니　홍범삼계　응신무량　도탈중생　발제미래　월제
塵累。
진루

　저 아라한들은 중생들처럼 '나(我)'라고 고집할 만한 아집我執을 모두 소멸해 버리고 청정한 각성의 빛 속에 편안히 머물러 있는 분들입니다. 그러므로 먼 훗날 등각等覺에 올라 반드시 묘각을 성취하실 불자들입니다.

　다음에 성불할 불자가 될 부처님의 제자들은 일반 중생들이 쓰는 반연심攀緣心으로 생기는 모든 고뇌로부터 멀리 떠나 시종도 없이 윤회하는 마음을 초월해 버렸습니다. 그러므로 일체 모든 중생들이 살아가는 국토에서는 거룩한 위엄과 후덕한 기품을 두루 다 갖추신 분들입니다. 이 분들은 부처님을 따라 수행을 하고 대각세존의 말씀을 그대로 실천하면서 세상에 전하는 분들입니다. 부처님의 법을 듣는 시청자들이 모두 불법을 깨닫게 하고 깨달음의 성과를 남에게도 터득케 하시므로 세존의 법륜法輪을 잘 전하는 분들입니다. 그러므로 부처님이 가르쳐 주시는 깨달음의 깊은 뜻을 누구보다 잘 받들어 섬기면서 훌륭하게 부처님의 유지를 잘 펼 수 있는 분들입니다.

　그들은 모두 몸과 마음을 정결히 잘 지키기 위하여 계율을 엄격하게 지키시는 분들입니다. 청정한 계율을 잘 지키므로 6

근六根의 욕심으로 생기는 욕계와 맑은 의식으로 생기는 색계와 무심한 무의식으로 생기는 무색계 등 삼계에서 더없이 현명한 스승들입니다. 그런 까닭에 삼계 중생들의 사표로서 모범이 되고 있으며, 뛰어난 지혜와 신통력으로 한량없는 몸을 어디든 나투어 많은 중생들로 하여금 깨달음이 일어나도록 이끌어 줍니다. 모두 묘각의 빛인 각성이 환하게 열렸으므로 나고 죽는 모든 중생들이 고뇌로부터 벗어나게 해 줍니다.

其名曰大智舍利弗 摩訶目乾連 摩訶拘絺羅 富樓那彌多羅
기 명 왈 대 지 사 리 불   마 하 목 건 련   마 하 구 치 라   부 루 나 미 다 라
尼子 須菩提 優波尼沙陀等 而爲上首。
니 자 수 보 리 우 파 니 사 타 등   이 위 상 수

　모든 중생들을 생사의 악몽에서 꿈 깨듯 깨어나게 해 주는 이들로서 그 이름은 세간의 인연법과 출세간의 해탈법을 두루 통달해 아는 지혜제일의 대지 사리불, 각성의 지혜력으로 정신술에 뛰어난 신통제일의 마하목건련, 주고받는 문답에 뛰어난 문답제일의 마하구치라, 뛰어난 언변으로 청중들을 바르게 알게 하는 설법제일의 부루나미다라니자, 원각圓覺으로 들어가는 해공解空제일의 수보리와 미세한 번뇌를 멀리 떠난 우파니사타 등 부처님의 상수제자들이 모두 한자리에 함께 모였습니다.

復有無量 辟支無學 並其初心 同來佛所 屬諸比丘 休夏自恣。
부유무량 벽지무학 병기초심 동래불소 속제비구 휴하자자

그리고 근본 무명인 마음摩陰을 멸진정으로 다 소멸해 버린 한량없는 벽지불과 깨달음에 머물러 적멸의 열반락에 심취해 있어 더 이상 배울 것이 없는 무학과 또한 처음으로 깨달을 마음을 낸 유학들이 모두 부처님의 처소에 모여 있었습니다.

때는 마침 비구들이 여름 석 달 동안 산림에 함께 머물면서 참선을 하는 하안거夏安居를 마치고 그동안 수행 중에 지은 여러 가지 허물을 스스로 대중 앞에 고백을 하고 서로 위로하면서 참회하는 자자自恣의 때였습니다.

十方菩薩 諮決心疑 欽奉慈嚴 將求密義。
시방보살 자결심의 흠봉자엄 장구밀의

또한 석존이 성취하신 묘각의 대광명장 안에서만 환히 나타나 보이는 시방의 보살들이 계셨습니다. 보살들은 묘각으로 들어가는 신비로운 삼매 중에서 있었던 의심된 바를 부처님께 물어 해결하려고 모였습니다.

모두 자비로우면서도 엄숙하신 부처님을 흠모하여 항상 받들어 섬기면서 비밀한 불지佛智를 깨치려고 부처님의 주위에 모였습니다.

卽時 如來敷座宴安 爲諸會中 宣示深奧 法筵淸衆 得未曾
즉시 여래부좌연안 위제회중 선시심오 법연청중 득미증
有!
유

   그때에 여래께서 자리를 펴고 편안히 앉으셨습니다. 그리고 주위에 모인 이들을 위하여 항상 새롭고 심오한 진리를 말씀하셨습니다. 그 설법의 자리에 모인 청정한 대중들은 부처님의 말씀을 듣고 세상 어디에서도 들어 보지 못한 더없는 신비로움을 얻었습니다.

迦陵仙音 遍十方界 恒沙菩薩 來聚道場 文殊師利 而爲上
가릉선음 변시방계 항사보살 내취도량 문수사리 이위상
首。
수

   부처님의 가릉빈가와 같으신 음성이 시방세계에 두루 사무치니 항하사와 같은 보살들이 부처님이 머물러 계시는 도량으로 모여 들었습니다. 그 보살들의 모임 가운데서 가장 높은 이는 문수사리보살이었습니다.

時 波斯匿王 爲其父王 諱日營齋 請佛宮掖 自迎如來 廣設
시 바사익왕 위기부왕 휘일영재 청불궁액 자영여래 광설
珍羞 無上妙味 兼復親延 諸大菩薩 城中復有長者居士 同
진수 무상묘미 겸부친연 제대보살 성중부유장자거사 동
時飯僧 佇佛來應。
시반승 저불래응

   그때 중인도의 코살라국 바사익왕께서 돌아가신 아버지의

명복을 위하여 많은 대중과 스님들에게 재를 베풀었습니다. 바사익왕은 친히 부처님을 찾아뵙고 세존을 궁중으로 청하여 모셨습니다. 왕은 진수성찬을 크게 베풀어 놓고 몸소 모든 성중과 보살들을 공손히 맞아들였습니다. 그리고 또 성안에 거주하는, 재물이 많은 장자들이 곤궁한 사람들에게 덕을 베풀게 하고, 잘 사는 거부들과 부유하게 세속에 살면서 높은 지조와 덕을 겸비한 거사들과 더불어 함께 스님들에게도 공양을 올렸습니다.

佛勅文殊 分領菩薩 及阿羅漢 應諸齋主。
불칙문수 분령보살 급아라한 응제재주

부처님은 문수보살에게 부탁하시기를 모든 보살과 아라한들을 별도로 영솔하여 재주들의 안내를 잘 받게 하라고 하셨습니다.

唯有阿難 先受別請 遠遊未還 不遑僧次 旣無上座 及阿闍黎 途中獨歸 其日無供。
유유아난 선수별청 원유미환 불황승차 기무상좌 급아사리 도중독귀 기일무공

그런데 그 많은 대중들 가운데 하필이면 부처님의 사촌 동생인 아난만이 보이지 않았습니다. 세존의 곁을 잠시도 떠나면 안 되는 누구보다 중요한 소임을 맡은 부처님의 시자입니

다. 그런데 아난은 개인적으로 미리 별도의 초청이 있었습니다. 그 때문에 아난은 멀리 갔다가 일찍 돌아오지 못하여 궁중의 성찬에는 참여하지 못하였습니다.

아난은 기억력 좋기로 이름난 제자입니다. 석존이 밝히신 바에 의하면, 아난은 삼세제불의 말씀을 듣는 즉시 곧바로 다 기억했다가 후세에 그 말씀을 그대로 전하는 대단한 기억력의 소유자라고 하셨습니다. 아난은 마침 엄청난 정신집중과 일률적인 단체생활에서 벗어나 지극히 홀가분한 기분으로 멀리 갔다가 혼자서 부처님 회상으로 돌아오고 있었습니다.

부처님께서는 비구는 절대로 혼자 걸식을 하거나, 원행을 할 때는 반드시 세 사람 이상의 도반과 함께 동행하기를 권하셨습니다. 승단에서 대중을 인도하는 상좌나 수행자의 계율을 엄히 지도하는 아사리와 반드시 동행해서 다니라고 말씀하셨습니다. 그런데 아난은 수행이 높은 상좌나 아사리도 없이 혼자서 가벼운 마음으로 돌아오고 있었습니다. 홀로 돌아오는 길이라 그날은 신자들로부터 공양을 받지 못한 형편이어서 음식 생각이 났습니다.

卽時 阿難執持應器 於所遊城 次第循乞。
_{즉시 아난집지응기 어소유성 차제순걸}

배가 고픈 아난은 행장에서 발우를 꺼내들고 사람들이 많이

왕래하는 시중으로 들어갔습니다.

心中初求 最後檀越 以爲齋主 無問淨穢 刹利尊姓 及旃陀
심중초구 최후단월 이위재주 무문정예 찰리존성 급전타
羅方行等慈 不擇微賤 發意圓成 一切衆生 無量功德。
라방행등자 불택미천 발의원성 일체중생 무량공덕

 성안을 거닐면서 사람의 신분에 있어서 깨끗하고 추함을 분별 않고 순차대로 걸식을 하기로 마음을 먹었습니다. 또한 아난은 될 수 있으면 아직 한 번도 스님들께 시주를 하지 못한 시주자에게 공양을 받겠다는 생각도 해보았습니다. 신분이 높은 귀족인 찰제리나 백정이나 노예 계급인 미천한 전타라에게도 평등한 자비를 행하리라 생각하고 공양 올릴 시주자를 시중에서 찾고 있었습니다. 이렇게 생각한 까닭은 일체 모든 중생들에게 한량없는 공덕을 골고루 베풀어야겠다는 마음에서였습니다.

阿難已知 如來世尊 訶須菩提 及大迦葉 爲阿羅漢 心不均
아난이지 여래세존 가수보리 급대가섭 위아라한 심불균
平 欽仰如來 開闡無遮 度諸疑謗。
평 흠앙여래 개천무차 도제의방

 아난은 일찍이 세존께서 수보리와 대가섭에게 편견을 가지고 걸식함을 꾸짖으신 일을 기억하고 있었습니다. 언젠가 세존께서 두 사람을 보시고 나무라시기를, "그대들은 이미 분별하는 마음을 멀리 떠난 아라한이 되었으면서도 어찌 마음을 두루 평등하게 쓰지 않는가?" 하고 꾸짖는 것을 곁에서 보고 들은 일이 있었습니다. 부처님이 두 사람을 꾸짖은 사연은 이러했습니다.

대가섭은 가난한 사람들에게만 복을 주려고 심지어 문둥병 환자에게도 공양을 받고 그 문둥병 환자를 즉시에 천상에 나게 한 얘기가 전해 옵니다. 반면 수보리는 부잣집만 골라 다니며 걸식을 했습니다. 아난은 매우 감탄하기를, '여래께서는 참으로 마음이 활짝 열리신 분이다. 그러므로 세존께서는 사람의 신분에 조금도 걸림이 없으시니 어느 누구로부터도 어떠한 의혹이나 비방을 받을 수 없는 넓은 도량을 지니신 분이로구나' 하고 감복하여 세존을 흠모하는 마음이 늘 사무쳐 있었습니다.

經彼城隍 徐步郭門 嚴整威儀 肅恭齋法。
경 피 성 황　서 모 곽 문　엄 정 위 의　숙 공 재 법

아난은 성을 지나 성곽의 문 안으로 천천히 걸으면서 스님으로서의 법다운 모습을 갖추려고 위의를 엄정히 하였습니다. 출가자로서의 위의와 신선한 기품에 조금도 흐트러짐이 없도록 스스로 몸단속을 하였습니다.

승단에는 걸식의 법도가 있습니다. 일곱 집 이상 밥을 빌

수 없고 일곱 집을 지나도 밥을 얻지 못하면 빈 발우를 들고 그대로 회상으로 돌아와야 합니다.

爾時 阿難因乞食次 經歷婬室 遭大幻術 摩登伽女 以娑毘
이시 아난인걸식차 경력음실 조대환술 마등가녀 이사비
迦羅先梵天呪 攝入姪席 姪躬撫摩 將毀戒體
가라선범천주 섭입음석 음궁무마 장훼계체

아난이 칠과식七過食이라 하여 일곱 집에서 음식을 받고 지나면서 몸 파는 여자의 집 앞을 지나게 되었습니다. 그때 하필이면 사람의 정신을 흐리는 환술에 뛰어난 마등가라고 하는 하천한 계급의 딸을 만나게 되었습니다. 전하는 바에 의하면 아난은 출중한 미남이었다고 합니다. 누구나 보면 반하지 않을 사람이 없었다고 하는데, 설령 성정을 멀리한 천상의 천녀가 본다 하더라도 반하지 않을 여성이 없다고 했으니 하천한 여인 마등가의 심경은 어떠했겠습니까?

세상에 다시없는 잘난 미남을 직접 마주쳤다고 하니 뭇 남정네의 성정을 먹고 살아온 마등가가 그냥 지나쳐 보낼 수 없었겠지요. 그래서 옛날에 범천이 외웠다는 사비가라 주술로 천진무구한 아난의 정신을 일단 혼미케 하여 놓고는 스스로 음실로 걸어 들어오게 하였습니다.

사비가라 주술에 걸린 아난을 음실로 유인해 놓고는 음탕한 알몸으로 아난의 몸을 만지고 비비고 하였던 모양입니다. 이 모양이 되고 보니 아난이 지금까지 잘 지켜온 불음계가 훼손될 지경이 되었습니다.

如來知彼 淫術所加 齋畢旋歸 王及大臣 長者居士 俱來隨佛 願聞法要。
여래지피 음술소가 재필선귀 왕급대신 장자거사 구래수불 원문법요

그때 여래께서는 아난이 지금 음술淫術에 걸린 것을 아시고 왕실의 공양이 끝나자 곧바로 기원정사로 돌아오셨습니다. 왕과 대신, 장자와 거사 등이 모두 급히 떠나시는 부처님을 따라 정사로 와서 부처님의 법문 듣기를 원하며 간절히 기다리고 있었습니다.

于時 世尊 頂放百寶無畏光明 光中出生 千葉寶蓮 有佛化身 結跏趺坐 宣說神呪
우시 세존 정방백보무외광명 광중출생 천엽보련 유불화신 결가부좌 선설신주

그때 세존께서 정수리에서 두려울 것 없는 백 가지 보배로운 백보무외百寶無畏광명을 놓으시니 그 광명 속에서 홀연히 천 잎사귀의 보배로운 연꽃이 생기면서 그 연꽃 위에 한 분의 화신 부처님이 나타나 결가부좌를 하시고는 신주神呪를 외우셨습니다.

대불정능엄신주 大佛頂楞嚴神呪

스타타가토스니삼 시타타파트람 아파라지탐 프라퉁기람 다라니

나망 사르바 붇다 보디사트베뱧
나모 샆타남 사먁삼붇다 코티남 사스라바카삼가남
나모 로케 아르한타남
나모 스로타판나남
나모 스크르타가미남
나모 아나가미남
나모 로케 사먁가타남 사먁프라티판나남
나모 라트나 트라야야
나모 바가바테 드르다수라세나 프라하라나라자야 타타가타야 아르하테 사먁삼붇다야
나모 바가바테 아미타바야 타타가타야 아르하테 사먁삼붇다야
나모 바가바테 앜소뱌야   타타가타야 아르하테 사먁삼붇다야
나모 바가바테 바이사이쟈구루 바이투랴 프라바라자야 타타가타야 아르하테 사먁삼붇다야
나모 바가바테 삼푸스피타사 렌드라라자야 타타가타야 아르하테 사먁삼붇다야

나모 바가바테 사캬무니예 타타가타야 아르하테 사먁삼붇다야

나모 바가바테 라트나쿠수마 케두라자야 타타가타야 아르하테 사먁삼붇다야

나모 바가바테 타타가타쿠라야

나모 바가바테 파드마쿠라야

나모 바가바테 바즈라쿠라야

나모 바가바테 마니쿠라야

나모 바가바테 가르자쿠라야

나모 데바르시남

나모 싣다 비댜 다라남

나모 싣다 비댜다라르시남 사파누그라하 사마르타남

나모 브라흐마네

나모 인드라야

나모 바가바테 루드라야 우마파티사헤야야

나모 나라야나야 락삼미사헤야야 팜차마하무드라 나마 스크르타야

나모 마하카라야 트리푸라나가라 비드라파나카라야 아디묵토카 스마사나바시니 마트르가나

나맣 스크르타야 에뵤 나맣스크르트바 이맘

바가바타 스타타가토스니삼 시타타파트람 나마 파라지타 프라퉁

기람

사르바 데바 나마 스크르탐

사르바 데베뱧 푸지탐

사르바 데베스차 파라파리탐

사르바 부타그라하 니그라하카림 파라비댜 체다나카림 두남타남 사트바남 다마캄 두스타남 니바라님 아카라므르튜 프라사마나카림

사르바 반다 나목사나카림

사르바 두스타 두스바프나니바라님 차투라시티남 그라하사하스라남 비드밤 사나카림 아스타빔사티남 낙사트라남 프라사다나카림 아스타남 마하그라하남 비드밤사나카림

사르바 사트루니바라님 구람 두스바프 나남차나사님 비사사스트라 아그니 우다카우트라남 아파라지타구라

마하 찬남

마하 디프탐

마하 테잠

마하 스베탐 즈바라

마하 바라 스리야판다라바시님 아랴타라 브르쿠팀체바잠

바즈라 마레티 비스루탐 파드마크맘

바즈라 지흐바차 마라체바파라지타

바즈라 단디 비사라차 산타바이데하푸지타 사이미루파 마하스베
 타 아랴타라 마하바라아파라

바즈라 상카라체바

바즈라 코마리 쿠란다리

바즈라 하스타차 마하비탸 타타캄차나마리카 쿠슘바라타나체바
 바이로차나 쿠다르토스니사 비즈름바마나차

바즈라 카나카 프라바로차나

바즈라 툰디차 스베타차카마락사 사시프라바 이테테 무드라가나
 사르베락삼 쿠르반투 마마샤

옴 리시가나 프라사스타 타타가토스니사

훔브룸 잠바나

훔브룸 스탐바나

훔브룸 보하나

훔브룸 마타나

훔브룸 파라비탸 삼박사나카라

훔브룸 사르바두스타남 스탐바나카라

훔브룸 사르바약사 락사사그라하남 비드밤사나카라

훔브룸 차투라시티남 그라하사하스라남 비나사나카라

훔브룸 아스타빔사티남 낙사트라남 프라사다나카라

홈브룸 아스타남 마하그라하남 비드밤사나카라

락사락사 맘 바가밤 스타타가토스니사

마하프라튱기레 마하사하스라부제 사하스라시르사이 코티사타
  사하스라네트레 아뱀댜 즈바리타나타나카 마하바즈로다라
  트르부바나

만다라 옴 스바스티르바바투 마마

라자   바야
초라   바야
아그니   바야
우다카   바야
비사   바야
사스트라   바야
파라차크라   바야
두르빅사   바야
아사니   바야
아카라므르튜   바야
다라니부미캄파 바야
우르카파타   바야
라자단다   바야

나가	바야
비듀	바야
수프라니	바야
약사	그라하
락사사	그라하
프레타	그라하
피사차	그라하
부타	그라하
쿰반다	그라하
푸타나	그라하
카타푸타나	그라하
스칸다	그라하
아파스마라	그라하
운마다	그라하
차야	그라하
레바티	그라하
우자	하리냐
가르바	하리냐
자타	하리냐
지비타	하리냐

루디라 하리냐

바사 　 하리냐

맘사 　 하리냐

메다 　 하리냐

마자 　 하리냐

반타 　 하리냐

아수챠 하리냐

치차 　 하리냐

테삼사르베삼 사르바그라하남

비담친다야미 키라야미 파리브라자카삼

크르탐비담 친다야미 키라야미 다카다키니

크르탐비담 친다야미 키라야미 마하파수파티 루드라

크르탐비담 친다야미 키라야미 타트바가루다사헤야

크르탐비담 친다야미 키라야미 마하카라 마트르가나

크르탐비담 친다야미 키라야미 카파리카

크르탐비담 친다야미 키라야미 자야카라마두카라 사르바르타 사
　　　다나

크르탐비담 친다야미 키라야미 차투르바기니

크르탐비담 친다야미 키라야미 브름기리티카 난디케스바라 가나
　　　파티사헤야

크르탐비댬 친다야미 키라야미 나그나스라마나

크르탐비댬 친다야미 키라야미 아르한타

크르탐비댬 친다야미 키라야미 비타라가

크르탐비댬 친다야미 키라야미 바즈라파니

크르탐비댬 친다야미 키라야미 브라흐마크르탐 루드라크르탐 나
    라야나

크르탐비댬 친다야미 키라야미 바즈라파니 구햐카디파티

크르탐비댬 친다야미 키라야미

락사 락사 맘

바가밤

시타타파트라 나모 스투테 아시타 나라르카

프라바스푸타 비카시타타파트레

즈바라즈바라 다카다카 비다카비다카

다라다라 비다라비다라 친다친다

빈다빈다 훔훔

파트	파트
스바하 헤헤	파트
아모가야	파트
아프라티하타야	파트

바라프라다야　　　　　파트

아수라 비드라파카야　　파트

사르바 데베뱧　　　　　파트

사르바 나게뱧　　　　　파트

사르바 약세뱧　　　　　파트

사르바 락사세뱧　　　　파트

사르바 가루데뱧　　　　파트

사르바 간다르베뱧　　　파트

사르바 아수레뱧　　　　파트

사르바 킨다레뱧　　　　파트

사르바 마호라게뱧　　　파트

사르바 부테뱧　　　　　파트

사르바 피사체뱧　　　　파트

사르바 쿰반데뱧　　　　파트

사르바 푸타네뱧　　　　파트

사르바 카타푸타네뱧　　파트

사르바 두르람기테뱧　　파트

사르바 두스프렉시테뱧　파트

사르바 즈바레뱧　　　　파트

사르바 아파스마레뱧　　파트

사르바 스라마네뱡   파트

사르바 티르티케뱡   파트

사르바 운맘데뱡   파트

사르바 비댜차례뱡   파트 자야카라 마두카라

사르바르타 사다케뵤 비댜차례뱡   파트

차투르   바기니뱡   파트

바즈라 코마리 쿠란다리 비다라제뱡 파트

마하프라 튱기레뱡   파트

바즈라상카라야   프라튱기라라자야 파트

마하카라야 마트르가나 나마스크르타야 파트

인드라야   파트

브라흐미니예 파트

루드라야   파트

비스나비예   파트

비스네비예   파트

브라흐미예   파트

아그니예   파트

마하카리예   파트

로드리예   파트

카라단디예   파트

아인드리예　　파트
마트리예　　　파트
차문디예　　　파트
카라라트리예 파트
카파리예　　　파트
아디묵토카스마사나 바시니예　파트
예케　　　칠타
사트바 마마 두스타 칠타
파파　　　칠타
로드라　　칠타
비드바이사 칠타
아마이트라 칠타
우트파다 얀티
키라　　얀티
만트라　얀티
자판티
조한티
우자　　하라
가르바 하라
루디라 하라

맘사　　하라
메다　　하라
마자　　하라
바사　　하라
자타　　하라
지비타 하라
마랴　　하라
바랴　　하라
간다　　하라
푸스파 하라
파라　　하라
사샤　　하라
파파　　칠타
두스타 칠타
데바　　　그라하
나가　　　그라하
약사　　　그라하
락사사　　그라하
아수라　　그라하
가루나　　그라하

킨다라　　　그라하

마호라가　　그라하

프레타　　　그라하

피사차　　　그라하

부타　　　　그라하

푸타나　　　그라하

카타푸타나　그라하

쿰반다　　　그라하

스칸다　　　그라하

운마다　　　그라하

차야　　　　그라하

아파스마라　그라하

다카다키니　그라하

레바티　　　그라하

자미카　　　그라하

사쿠니　　　그라하

난디카　　　그라하

람비카　　　그라하

칸타파니　　그라하

즈바라 에카히카 드바이티야카

트레티야카 차투르타카 니탸즈바라 비사마즈바라

바티카 파이티카 스레스미카 산디파티카

사르바즈바라 시로르티 아르다바베다카 아로차카

악시 　 로감

무카 　 로감

흐르드 로감

카르나 　 수람

단다 　 　 수람

흐르다야 수람

마르마 　 수람

파라스바 수람

프르스타 수람

우다라 　 수람

카티 　 　 수람

바스티 　 수람

우루 　 　 수람

잠가 　 　 수람

하스타 　 수람

파다 　 　 수람

사르방가프라틍가 수람

부타베타다 다카다키니

즈바라다드루칸듀키티

바로타바이 사르파로하링가

소사트라사가라 비사요가 아그니 우다카

마라베라 칸타라 아카라므르튜

트라이무카

트라이라타카

브르스치카 사르파나쿠라 심하

뱌그라 릭사

타라　릭사

차마라지 비베 테삼사르베삼

시타타파트라 마하바즈로오스니삼

　　　　마하프라틍기람　　야바드바　　다사요자나

뱐타레나 사마　　반담 카로미

디사　　　　　반담 카로미

파라비댜　　　반담 카로미

테조　　　　　반담 카로미

하스타　　　　반담 카로미

파다　　　　　반담 카로미

사르방가프라튱가 반담 카로미

타댜타

옴 아나레 아나레 비사다비사다

반다반다 반다니반다니

바이라바즈라파니 　파트

　　　　　홈브룸 파트 스바하

나모 스타타가타야 수가타야르하테

사먁삼붇다야 시담투 반트라파다 스바하

勅文殊師利 將呪往護 惡呪消滅 提奬阿難 及摩登伽 歸來
칙 문 수 사 리　장 주 왕 호　악 주 소 멸　제 장 아 난　급 마 등 가　귀 래
佛所
불 소

　그리고 그 화신불이 문수사리에게 명령하여 말씀하시기를, "그대는 가서 아난을 구해 오너라." 하셨습니다. 문수보살이 즉시 아난에게 걸린 사악한 악주惡呪를 소멸하고는 아난과 마등가를 데리고 부처님의 처소로 돌아왔습니다.

정종분正宗分

경의 내용에 있어서 중요한 부분

1. 안에도 밖에도 중간에도 없는 망령된 마음을 밝히다

"모든 사념의 망상을 멈추게 하고 마음이 고요해지면서 부질없는 분별심이 사라지는 사마타를 설하여 안과 밖과 그 마음까지도 환히 드러내 보이는 견성見性을 알게 하시다."

阿難見佛 頂禮悲泣 恨無始來 一向多聞 未全道力
아난견불 정례비읍 한무시래 일향다문 미전도력

아난이 부처님을 뵙고 절을 올리고는 슬피 울었습니다. 처음부터 많이 듣기만 했을 뿐 초롱초롱한 각성의 힘으로 몸과 마음을 지배하는 도력道力을 온전히 갖추지 못한 것이 한스러워서 울고 있었습니다.

般勤啓請 十方如來 得成菩提 妙奢摩他 三摩禪那 最初方便。
은근계청 시방여래 득성보리 묘사마타 삼마선나 최초방편

그래서 시방十方의 여래께서 이루신 묘한 적정을 관하는 사마타와 몸과 마음과 주변의 공간을 주시함으로써 고요해지는 삼마三摩와 필경 공적함을 관하는 선나禪那를 처음으로 수행할 때에 어떤 방편을 가져야 하는지 가르침을 간절히 청하였습니다.

於時 復有恒沙菩薩 及諸十方 大阿羅漢 辟支佛等 俱願樂聞 退坐黙然 承受聖旨
어시 부유항사보살 급제시방 대아라한 벽지불등 구원요문 퇴좌묵연 승수성지

이때 또 항하사 보살과 시방의 아라한과 벽지불 등도 함께 듣기를 원하였습니다. 모두가 부처님의 주위에서 조금 물러나 앉아서 묵묵히 거룩한 가르침을 기다렸습니다.

佛告阿難 汝我同氣 情均天倫 當初發心 於我法中 見何勝相 頓捨世間 深重恩愛?
불고아난 여아동기 정균천륜 당초발심 어아법중 견하승상 돈사세간 심중은애

부처님께서 말씀하셨습니다.
"아난아, 너는 나와 한 동기인 형제지간이므로 천륜에 따른 남다른 정리도 있다. 네가 처음 나를 보고 따르고 싶은 마음

이 처음 일어날 때에 나의 모습 가운데 어떤 수승한 위덕과 기품을 보았기에 세간의 그 깊고 중한 은애를 한꺼번에 버렸느냐?"

阿難白佛 我見如來 三十二相 勝妙殊絶 形體映徹 猶如琉
아난백불 아견여래 삼십이상 승묘수절 형체영철 유여유
璃 常自思惟 此相非是 欲愛所生 何以故？ 欲氣麤濁 腥臊
리 상자사유 차상비시 욕애소생 하이고 욕기추탁 성조
交遘 膿血雜亂 不能發生 勝淨妙明 紫金光聚。 是以渴仰
교구 농혈잡란 불능발생 승정묘명 자금광취 시이갈앙
從佛剃落。
종불체락

아난이 부처님께 사뢰었습니다.

"저는 여래의 32상이 수승하고 절묘하며 형체가 맑게 사무쳐서 마치 유리와 같음을 뵈옵고 항상 생각하기를 '이러한 모습은 애욕에서 생긴 것이 아니다. 왜냐하면 욕정의 정기는 거칠고 탁하며 비린내와 누린내가 풍겨나고 고름과 피가 뒤섞여서 역겨운 냄새가 날 뿐이다. 하지만 세존처럼 저렇게 뛰어나게 청정하고 묘하게 밝은 자금빛의 금색신은 누구도 가질 수 없는 것이다'라고 생각을 하고 간절히 사모하여 우러러 보면서 부처님을 따라 머리를 깎았습니다."

佛言 善哉 阿難！ 汝等當知 一切衆生 從無始來 生死相續
불언 선재 아난 여등당지 일체중생 종무시래 생사상속
皆由不知 常住眞心 性淨明體 用諸妄想 此想不眞 故有輪
개유부지 상주진심 성정명체 용제망상 차상부진 고유윤

轉。汝今欲硏 無上菩提 眞發明性 應當直心 詶我所問。十
方如來 同一道故 出離生死 皆以直心 心言直故 如是乃至
終始地位 中間永無 諸委曲相。阿難! 我今問汝 當汝發心
緣於如來 三十二相 將何所見? 誰爲愛樂?

부처님께서 말씀하셨습니다.

"착하다, 아난아. 너희들은 마땅히 알아야 한다. 일체 모든 중생들이 언제라고 할 때가 없는 시기로부터 나고 죽음을 계속해 온 것은, 모두 저마다 늘 쓰고 있는 마음들의 그 밑바탕에 조금도 움직이지 않고 항상 그대로 머물러 있는 진심眞心인 묘각을 모르기 때문이다. 진심인 묘각은 참으로 묘하게 맑고 밝기에, 모든 것을 환하게 드러내 보이는 명묘明妙한 각성체覺性體니라. 이렇게 모든 것을 밝고 환하게 드러내 보이는 묘명妙明한 참마음인 묘각을 전연 의식치 못하고 온갖 망상의 생각을 따르기 때문에 끝없이 생사를 윤회하게 되었느니라.

이렇게 끝도 없이 돌고 도는 망령된 생각은 본래로 맑고 밝은 부동성의 묘각妙覺이란 진심眞心이 아니므로, 생사계에 윤회한다는 것을 알아야 한다.

네가 이제 더 이상 없는 묘각의 진실한 밝은 성품을 이치로서 이해하려거든 마땅히 네가 평소에 느끼고 깨닫고 알고 있는 사실 그대로 말하는 정직한 마음으로 내가 묻는 것에 대답하여라."

부처님이 아난에게 말씀하셨습니다.

"아난아, 내가 이제 네게 묻겠다. 네가 발심한 것이 여래의 32상相에 연유된 것이라 하니 무엇으로 보았으며 무엇이 좋아한 것이냐?"

阿難白佛言 世尊! 如是愛樂 用我心目 由目觀見 如來勝相 心生愛樂 故我發心 願捨生死。

아난이 부처님께 사뢰었습니다.

"세존이시여, 이렇게 좋아하고 사랑하는 것은 제 마음과 눈으로 하는 것입니다. 눈으로 여래의 거룩하신 상을 뵈옵고 마음으로 좋아하였으므로 제 스스로 발심하여 생사계를 버리려고 한 것입니다."

佛告阿難 如汝所說 眞所愛樂 因於心目 若不識知 心目所在 則不能得 降伏塵勞。譬如國王 爲賊所侵 發兵討除 是兵要當知賊所在。使汝流轉 心目爲咎。吾今問汝 唯心與目 今何所在?

부처님께서 말씀하셨습니다.

"아난아, 네 말대로 참으로 사랑하고 좋아하는 것은 마음과 눈으로 인한 것이다. 그런데 만약 마음과 눈이 있는 처소를 알지 못하면 끝없이 일어나는 번뇌를 항복받을 수가 없느니라. 마치 국왕이 적에게 침략을 당하게 되면 왕은 반드시 군사를 일으켜서 적을 토벌해야만 한다. 그렇게 하자면 왕의 군사가 적이 머물고 있는 소재를 분명히 알아야 하는 것과 같다.

네가 생사계에 유전하게 된 근본이 눈과 마음의 탓이니, 내 이제 너에게 묻겠다. 그렇다면 네 마음과 눈이 지금 어디에 있느냐?"

阿難白佛言 世尊! 一切世間 十種異生 同將識心 居在身內 縱觀如來 靑蓮花眼 亦在佛面 我今觀此 浮根四塵 秖在我面 如是識心 實居身內。

아난이 부처님께 사뢰었습니다.

"세존이시여, 일체 세간의 열 가지 다른 중생들이 다 같이 육감으로 느끼는 식심識心을 가졌사온데 그것이 몸 안에 있고, 여래의 푸른 연꽃 같은 눈을 보면 부처님의 얼굴에 있습니다. 제가 이제 관찰해 보니 제 얼굴에 들떠 있는 눈으로는 색을 보고, 귀로는 소리를 듣고, 코로는 냄새를 맡고, 혀로는 맛을 보고 몸으로는 촉감을 느낍니다. 이러한 기관은 지수화풍地水

火風의 사대로 생긴 것입니다. 색깔을 보고, 소리를 듣고, 냄새를 맡고, 맛을 아는 사진四塵인 감각기관들은 제 얼굴에 들떠 있습니다. 이것들은 다 제 낯에 있습니다. 이렇게 인식하는 마음은 분명 제 몸 안에 있습니다."

佛告阿難 汝今現坐 如來講堂 觀祇陀林 今何所在?
불고아난 여금현좌 여래강당 관기타림 금하소재

부처님께서 아난에게 말씀하셨습니다.
"네가 지금 여래가 앉아 계시는 강당에 앉아 있고, 기타림 동산을 보는데, 지금 그것들이 어디에 있느냐?"

世尊! 此大重閣 清淨講堂 在給孤園 今祇陀林 實在堂外。
세존 차대중각 청정강당 재급고원 금기타림 실재당외

"세존이시여! 여기 이 다포개식 중각인 깨끗한 대강당은 급고독원에 있고, 강당 밖으로 기타 숲이 둘러 있나이다."

阿難! 汝今堂中 先何所見?
아난 여금당중 선하소견

"아난아! 네가 이제 이 강당에서 먼저 무엇을 보느냐?"

世尊! 我在堂中 先見如來 次觀大衆 如是外望 方矚林園。
세존 아재당중 선견여래 차관대중 여시외망 방촉임원

"세존이시여, 제가 강당 안에서 먼저 여래를 보고, 다음에 대중을 보며, 밖을 바라보면 숲과 동산이 보입니다."

阿難! 汝矚林園 因何有見?
아난 여촉임원 인하유견

"아난아, 네가 숲과 동산을 보는데 어떻게 해서 보게 되느냐?"

世尊! 此大講堂 戶牖開豁 故我在堂 得遠瞻見。
세존 차대강당 호유개활 고아재당 득원첨견

"세존이시여, 이 대강당의 문과 창이 넓게 열려 있으므로, 제가 강당에 있으면서도 저 멀리까지 바라볼 수 있습니다."

爾時 世尊在大衆中 舒金色臂 摩阿難頂 告示阿難 及諸大
이시 세존재대중중 서금색비 마아난정 고시아난 급제대
衆 有三摩提 名大佛頂首楞嚴王 具足萬行 十方如來 一門
중 유삼마제 명대불정수능엄왕 구족만행 시방여래 일문
超出 妙莊嚴路。汝今諦聽。
초출 묘장엄로 여금체청
阿難頂禮 伏受慈旨。
아난정례 복수자지

그때 세존께서 대중이 바라보는 가운데서 금빛 나는 팔을 펴시어 아난의 이마를 어루만지시면서 아난과 대중들에게 말씀하셨습니다.

"여기에 모든 선정을 두루 다 갖추는 삼마제三摩提가 있으니 그 이름은 대불정수능엄왕大佛頂首楞嚴王이다. 온갖 공덕을 두루 다 구족하는 만 가지 행을 성취하는 문이며 시방의 여래如來가 이 한 문으로 모든 경계를 뛰어넘어 묘각妙覺을 터득한 길이니, 이제 잘 들어라."

이에 아난이 이마를 땅에 대고 절을 하며, 자애로우신 말씀을 엎드려 공손히 받들었습니다.

佛告阿難 如汝所言 身在講堂 戶牖開豁 遠矚林園。亦有衆
불 고 아 난   여 여 소 언   신 재 강 당   호 유 개 활   원 촉 임 원   역 유 중
生 在此堂中 不見如來 見堂外者。
생   재 차 당 중   불 견 여 래   견 당 외 자

부처님께서 말씀하셨습니다.

"아난아, 너의 말대로 몸이 강당에 있는데 문이 활짝 열렸기 때문에 숲과 동산을 바라본다. 그런데 또 어떤 사람이 강당 안에 있으면서 여래를 보지 못하고 강당 밖을 보는 자가 있겠느냐?"

阿難答言 世尊! 在堂不見如來 能見林泉 無有是處。
아 난 답 언   세 존   재 당 불 견 여 래   능 견 임 천   무 유 시 처

아난이 대답하였습니다.

"세존이시여, 강당 안에 있으면서 여래를 보지 못하고도, 능히 숲과 샘을 본다는 것은 있을 수가 없습니다."

阿難! 汝亦如是。 汝之心靈 一切明了 若汝現前 所明了心
實在身內。 爾時 先合了知內身 頗有眾生 先見身中 後觀外
物? 縱不能見 心肝脾胃 爪生髮長 筋轉脈搖 誠合明了 如
何不知? 必不內知 云何知外? 是故應知 汝言覺了 能知之
心 住在身內 無有是處。

부처님께서 말씀하셨습니다.

"아난아, 너도 이와 같다. 네 마음은 신령한 것이어서 온갖 것을 분명히 아는데 만약 네 그 분명한 마음이 실로 몸 안에 있다면, 먼저 네 몸속에 있는 것들을 알아야 옳을 것이다. 그런데 어느 누가 먼저 몸속을 보고 나서 뒤에 밖의 사물을 보더냐? 설사 몸속에 있는 심장, 간, 지라, 밥통 따위는 못 보더라도, 손톱이 자라고 머리카락이 길고 힘줄이 움직이고 맥이 뛰는 것쯤은 알아야 할 터인데 어찌하여 모르느냐? 안을 모르는 것이 틀림없는데 어떻게 밖을 아느냐? 그러므로 네가 깨닫고 아는 마음이 몸속에 있다고 한 말은 옳다고 할 수 없느니라."

阿難稽首 而白佛言 我聞如來 如是法音 悟知我心 實居身
外。 所以者何? 譬如燈光 然於室中 是燈必能 先照室內
從其室門 後及庭際。 一切眾生 不見身中 獨見身外 亦如燈

光 居在室外 不能照室 是義必明 將無所惑 同佛了義 得無
광 거재실외 불능조실 시의필명 장무소혹 동불료의 득무
妄耶?
망야

아난이 머리를 조아리고 부처님께 사뢰었습니다.

"제가 이제 여래의 이러한 법문을 듣고 다시 생각해 보니 제 마음이 몸 밖에 있음을 알았습니다. 왜냐하면 마치 방 안에서 등불을 켜면 이 등이 먼저 방 안을 비춘 다음에 문을 통하여 뜰에 비치는 것과 같습니다. 그런데 모든 중생들이 몸 안을 못 보고 몸 밖에 있는 것만 보는 것은 마치 방 밖에 있는 등불이 방 안을 비추지 못하는 것과 같습니다. 이 이치가 분명하니 의혹이 될 것이 없습니다. 부처님께서 분명히 아시는 것처럼 제 생각도 잘못됨이 없는가 합니다."

佛告阿難 是諸比丘 適來從我 室羅筏城 循乞摶食 歸祇陀
불고아난 시제비구 적래종아 실라벌성 순걸단식 귀기타
林 我已宿齋 汝觀比丘 一人食時 諸人飽不?
림 아이숙재 여관비구 일인식시 제인포부

부처님께서 아난에게 말씀하셨습니다.

"이 비구들이 마침 나를 따라 실라벌성에서 주먹밥(摶食)을 빌어 가지고 기타림으로 왔다. 그런데 나는 이미 식사를 마쳤다. 네가 비구들을 보아라. 한 사람이 먹을 때 모든 사람을 배부르게 할 수 있겠느냐?"

阿難答言 不也 世尊! 何以故? 是諸比丘 雖阿羅漢 軀命不
同 云何一人 能令衆飽?

아난이 대답하였습니다.

"아닙니다, 세존이시여! 왜냐하면 이 비구들이 비록 아라한이나 저마다 가진 육체의 생명은 같지 않기 때문입니다. 그런데 어찌 한 사람이 먹을 때 모든 사람을 배부르게 할 수 있겠습니까?"

佛告阿難 若汝覺了 知見之心 實在身外 身心相外 自不相
干 則心所知 身不能覺 覺在身際 心不能知 我今示汝 兜羅
綿手 汝眼見時 心分別不?

부처님께서 아난에게 말씀하셨습니다.

"네가 그 깨닫고 알고 보는 마음이 만일 몸 밖에 있다면, 몸과 마음이 따로따로여서 서로 관계가 없을 것이니 마음이 아는 것을 몸은 깨닫지 못하고, 또한 몸은 깨달아도 마음은 모르게 될 것이다. 내가 지금 아주 부드럽고 섬세한 솜 같은 정결한 손을 네게 보이고 있다. 그런데 네가 눈으로 가늘고 긴 비단결 같은 내 손을 볼 때, 네 마음이 분별하지 않느냐?"

阿難答言 如是 世尊!
아난답언 여시 세존

아난이 대답하였습니다.
"그렇습니다, 세존이시여!"

佛告阿難 若相知者 云何在外? 是故應知 汝言覺了 能知之
불고아난 약상지자 운하재외 시고응지 여언각료 능지지
心 住在身外 無有是處。
심 주재신외 무유시처

부처님께서 아난에게 말씀하셨습니다.
"만약 몸과 마음이 서로 안다면, 어떻게 네 마음이 몸 밖에 있다고 하겠느냐? 그러므로 네가 말한 깨닫고 알고 하는 마음이 몸 밖에 있다는 것은 옳지 않다는 것을 알아야 한다."

阿難白佛言 世尊! 如佛所言 不見內故 不居身內 身心相知
아난백불언 세존 여불소언 불견내고 불거신내 신심상지
不相離故 不在身外 我今思惟 知在一處。
불상리고 부재신외 아금사유 지재일처

아난이 부처님께 사뢰었습니다.
"세존이시여, 부처님의 말씀과 같아서 속을 보지 못하므로 몸 안에 있는 것이 아니고, 몸과 마음이 서로 아는 것은 서로 분리된 것이 아니기 때문입니다. 몸 밖에 있는 것도 아닌 것 같습니다. 제가 이제 다시 생각해 보니 어딘가 한 곳에 있다는 것을 알겠습니다."

佛言 處今何在?

부처님께서 말씀하셨습니다.
"그 한 곳이라 하는 곳이 어디냐?"

阿難言 此了知心 旣不知內 而能見外 如我思忖 潛伏根裡 猶如有人 取琉璃椀 合其兩眼 雖有物合 而不留礙 彼根隨見 隨卽分別。然我覺了 能知之心 不見內者 爲在根故 分明矚外 無障礙者 潛根內故。

아난이 사뢰었습니다.

"지금 이렇게 분명하게 아는 마음이 속은 알지 못하지만, 분명히 밖을 환히 보는 것은, 제가 생각건대 근根 속에 들어 있기 때문이 아닌가 싶습니다. 마치 어떤 사람이 유리그릇을 두 눈에 갖다 댄다면 비록 물건으로 가렸지만 아무 지장이 없는 것과 같아서 눈이 보는 곳을 따라서 분별하는 것이 아닌가 싶습니다. 그래서 제가 이제 깨닫고 알고 하는 마음이 안을 보지 못하는 것은 근根에 마음이 있기 때문입니다. 분명하게 밖을 보되 아무런 장애도 없는 것은 근 속에 마음이 있기 때문입니다."

佛告阿難 如汝所言 潛根內者 猶如琉璃 彼人當以 琉璃籠
眼 當見山河 見琉璃不?

부처님께서 아난에게 말씀하셨습니다.

"네 말대로 근 속에 마음이 들어 있는 것이 마치 유리를 눈에 댄 것과 같다면 유리를 눈앞에 댄 사람이 산과 강을 볼 때에 먼저 유리를 보겠느냐, 못 보겠느냐?"

如是 世尊! 是人當以 琉璃籠眼 實見琉璃。

아난이 대답하였습니다.

"세존이시여! 이 사람이 유리로 눈을 가렸으므로 당연히 먼저 유리를 봅니다."

佛告阿難 汝心若同 琉璃合者 當見山河 何不見眼? 若見眼者 眼卽同境 不得成隨 若不能見 云何說言 此了知心 潛在根內 如琉璃合? 是故應知 汝言覺了 能知之心 潛伏根裏 如琉璃合 無有是處。

부처님께서 말씀하셨습니다.

"아난아, 네 말대로 마음이 근 속에 있는 것이 마치 눈에 유리를 댄 것과 같다면 산이나 강을 볼 적에 어째서 네 눈을 먼

저 보지를 못하느냐? 만일 눈을 먼저 본다면 눈이 곧 상대하는 경계가 될 터인데, 그렇다면 눈앞에 유리를 댄 것과 같다는 것은 말이 되지 않는다. 만약 눈을 보지 못한다면 어떻게 분명하게 아는 마음이 근 속에 있는 것이 마치 유리를 눈앞에 댄 것과 같다고 하겠느냐?

그러므로 네가 말한 깨닫고 아는 마음이 눈 속에 있는 것이 흡사 유리를 눈앞에 댄 것과 같다는 것은 옳지 않다는 것을 알아야 하느니라."

阿難白佛言 世尊! 我今又作 如是思惟 是衆生身 腑藏在中 竅穴居外 有藏則暗 有竅則明。今我對佛 開眼見明 名爲見外 閉眼見暗 名爲見內。是義云何?

아난이 다시 부처님께 사뢰었습니다.

"세존이시여, 제가 이제 또 이런 생각을 해 봅니다. 이 중생들의 몸속에는 오장육부가 있습니다. 오장육부는 몸속에 있고 뚫린 구멍은 밖으로 통해 있습니다. 그러므로 몸속의 내장은 어둡고 밖으로 통한 구멍은 밝습니다. 이제 제가 부처님을 대하여 눈을 뜨고 밝게 보는 것은 밖에 있는 것을 보기 때문입니다. 다시 눈을 감고 어둠을 보는 것은 내 몸속을 보는 것입니다. 이러한 사례로 미루어 보아 마음이 근 속에 있다고 생각하는 제 뜻이 어떠합니까?"

佛告阿難 汝當閉眼 見暗之時 此暗境界 爲與眼對 爲不對
불고아난 여당폐안 견암지시 차암경계 위여안대 위부대
眼? 若與眼對 暗在眼前 云何成內? 若成內者 居暗室中 無
안   약여안대   암재안전   운하성내   약성내자   거암실중   무
日月燈 此室暗中 皆汝焦腑? 若不對者 云何成見? 若離外
일월등 차실암중 개여초부   약부대자   운하성견   약리외
見 內對所成 合眼見暗 名爲身中 開眼見明 何不見面?
견   내대소성   합안견암   명위신중   개안견명   하불견면
若不見面 內對不成 見面若成 此了知心 及與眼根 乃在虛
약불견면 내대불성 견면약성 차요지심 급여안근 내재허
空 何成在內?
공 하성재내
若在虛空 自非汝體 卽應如來 今見汝面 亦是汝身? 汝眼已
약재허공 자비여체 즉응여래 금견여면 역시여신   여안이
知 身合非覺 必汝執言 身眼兩覺 應有二知 卽汝一身 應成
지 신합비각 필여집언 신안양각 응유이지 즉여일신 응성
兩佛 是故應知 汝言見暗 名見內者 無有是處。
양불 시고응지 여언견암 명견내자 무유시처

부처님께서 아난에게 말씀하셨습니다.

"아난아, 네가 눈을 감고 어둠을 볼 적에 그 어둠의 경계가 네 눈앞에 나타난 것이 아니더냐? 만약 어둠이 네 눈앞에 나타난 것이라면, 그 어둠은 분명 눈앞에 있는 것인데 어떻게 네 눈 속에 있는 것이 되겠느냐? 만약 그 어둠이 바로 네 몸속이라면 해도 달도 등불도 없는 캄캄한 암실 밖을 보는 그 어둠도 모두 네 복중의 내장 속이 되겠구나? 그리고 만약 그 어둠이 보는 눈앞에 나타나는 현상이 아니라면, 어떻게 네 눈이 본다는 말이 성립되겠느냐?

만약 밖으로만 보는 것을 떠나서 안을 들여다보는 별도의 기능이 네 몸속에 따로 있다면 눈을 감고 본 어둠과 속을 들여다본 어둠에는 다름이 없을 것이다.

그렇다면 눈을 뜨고 밖의 밝음을 볼 적에 어찌하여 네 얼굴은 못 보겠느냐?

만약 얼굴을 보지 못한다면, 마음이 근 속에 있으면서 안팎을 다 보고 안다는 것은 전연 사리에 맞지 않는다. 만약 네 스스로 얼굴을 본다면 이 깨닫고 아는 마음과 눈이 허공에 있어야 할 것이다. 그런데 어떻게 보고 아는 자가 네 몸속에 있다고 할 수 있겠느냐?

만일 깨닫고 보는 눈이 허공에 있는 것이라면 그 허공은 근본적으로 너의 몸은 아니다. 그렇다면 지금 여래가 네 얼굴을 보는 것도 역시 네 몸이라 해도 되겠구나? 그렇다면 네 눈은 알더라도 네 몸은 깨닫지 못해야 옳을 것이다. 이런데도 네가 굳이 몸과 눈 두 가지를 다 깨닫는다고 한다면 네 몸에는 두 개의 알음알이가 있는 것이 된다. 그렇다면 너 한 사람이 두 부처를 이루어야 할 것이다.

그러므로 네가 말한 어둠을 보는 것이 안을 보는 것이라고 생각하는 것은 옳지 않다는 것을 알아야 하느니라."

阿難言 我常聞佛 開示大衆 由心生故 種種法生 由法生故
種種心生。我今思惟 卽思惟體 實我心性 隨所合處 心則隨
有 亦非內外 中間三處。

아난이 다시 부처님께 말씀드렸습니다.

"제가 일찍이 들었습니다. 부처님께서 사부대중에게 말씀하시기를 마음이 남(生)으로 모든 것이 생기고, 모든 것이 생기므로 여러 가지 마음이 난다고 하셨습니다. 그렇다면 제가 이제 생각해 보니 지금 생각하는 자체가 곧 심성(心性)일 것입니다. 제가 밖으로 환경과 혼연일치함으로써 마음이 따라서 생기는 것입니다. 그러므로 마음은 내 안에도 눈 밖에도 그 중간에도 있는 것이 아닙니다."

佛告阿難 汝今說言 由法生故 種種心生 隨所合處 心隨有
者 是心無體 則無所合 若無有體 而能合者 則十九界 因七
塵合 是義不然。若有體者 如汝以手 自挃其體 汝所知心
爲復內出? 爲從外入? 若復內出 還見身中 若從外來 先合
見面。

부처님께서 아난에게 말씀하셨습니다.

"네가 이제 모든 것이 생기므로 여러 가지 마음이 난다고 하는구나! 그러면 그 마음이 밖의 사물과 합하는 곳을 따라서 마음이 생긴다고 말하지만 그러나 네 마음은 어떤 형체도 없다. 형색도 없는 이것이 무엇과 어떻게 화합을 한단 말이냐. 만약 아무런 형체가 없는데도 무엇과 화합할 수 있는 것이라면, 분별하는 6식은 6근이 안과 밖과 중간이 화합하면(6×3=18) 18계가 성립된다. 그렇지만 마음이라는 19계는 있을 수 없다. 마치 6근으로 생기는 6식인 6진六塵(識心)은 분명 있으나, 네 몸에 있지도 않은 7진七塵과 어떻게 화합을 한다는 말이냐? 그것은 있을 수 없는 19계나 7진 같은 얘기와 같다. 다만 실체가 없는 빈 말일 뿐이다. 실제로 마음이 존재한다는 그 의미가 그렇지 않다!

만약 마음이 무엇과 화합해서 생기는 실체가 실로 있다면 네 손으로 네 몸을 만지면 네 몸을 아는 것처럼 실체가 있어야만 할 것이다. 그리고 잘 생각해 보아라. 네 손으로 네 몸을 만져서 아는 네 마음이 네 몸 안에서 나오겠느냐, 밖에서 들어오겠느냐? 만약 네 몸 안에서 나온다면 반드시 네 몸속을 보아야 할 것이고, 네 마음이 밖에서 들어온다면 반드시 네 얼굴부터 먼저 보아야 할 것이니라."

阿難言 見是其眼 心知非眼 爲見非義。
아 난 언　 견 시 기 안　 심 지 비 안　 위 견 비 의 아난이 부처님께 말씀드렸습니다.

"보는 것은 눈이고, 마음은 아는 자로서 앎은 눈이 아니니, 본다는 것은 옳지 않습니다."

佛言 若眼能見 汝在室中 門能見不? 則諸已死 尚有眼存
불언 약안능견 여재실중 문능견부 즉제이사 상유안존
應皆見物 若見物者 云何名死? 阿難! 又汝覺了 能知之心
응개견물 약견물자 운하명사 아난 우여각료 능지지심
若必有體 爲復一體 爲有多體? 今在汝身 爲復遍體 爲不遍
약필유체 위부일체 위유다체 금재여신 위부변체 위불변
體? 若一體者 則汝以手 挃一肢時 四肢應覺 若咸覺者 挃
체 약일체자 즉여이수 질일지시 사지응각 약함각자 질
應無在。若挃有所 則汝一體 自不能成 若多體者 則成多人
응무재 약질유소 즉여일체 자불능성 약다체자 즉성다인
何體爲汝? 若遍體者 同前所挃 若不遍者 當汝觸頭 亦觸其
하체위여 약변체자 동전소질 약불변자 당여촉두 역촉기
足 頭有所覺 足應無知 今汝不然 是故應知 隨所合處 心則
족 두유소각 족응무지 금여불연 시고응지 수소합처 심즉
隨有 無有是處。
수유 무유시처

부처님께서 말씀하셨습니다.

"만약 눈만으로 볼 수 있다면, 네가 방 안에 있는데 눈이 스스로 본다는 것과 같지 않느냐? 그렇다면 금방 죽은 사람도 눈은 그대로 있으니 당연히 주위의 물건을 본다고 해야 할 것이 아니냐? 만약 물건을 본다면 어떻게 죽었다고 하겠느냐?

아난아, 또 깨닫고 아는 마음이 반드시 스스로 형체를 가지고 있다면 그 마음의 몸이 하나냐, 여럿이냐? 지금 네 몸에 두루 있느냐, 두루 있지 않은 것이냐? 만일 한 몸이라면 네가 손으로 팔 다리 중에서 한쪽 팔을 침으로 찌를 때에 사지가 모두 동시에 알아야 할 것이다. 만약 사지가 모두 알게 된다면 찌른 데가 따로 없을 것이다. 만일 찌른 데가 분명 따로 있다면, 마음의 형체가 하나일 수 없다. 또 마음의 형체가 여럿이라면, 네 한 몸에 여러 사람이 있는 것과 같을 것이다. 그렇다면 어느 형체에서 깨닫는 마음을 너라고 하겠느냐?

만일 네 몸에 두루 있었다면, 앞에서 예를 든 비유와 같이 한쪽 팔이나 다리를 찔렀을 때와 같이 동시에 전신으로 깨닫고 아는 것과 같을 것이다. 만약 마음이 두루 있지 않았다면, 머리를 다치고 동시에 발도 다쳤을 경우에 머리는 알아도 발은 몰라야 한다. 그런데 지금 너는 그렇지 않으니 네가 앞에서 말하기를 합하는 곳을 따라 마음이 따라서 있다는 생각은 옳지 않으니라."

阿難白佛言 世尊! 我亦聞佛 與文殊等 諸法王子 談實相時 世尊亦言 心不在內 亦不在外。如我思惟 內無所見 外不相知 內無知故 在內不成 身心相知 在外非義 今相知故 復內無見 當在中間。

아난이 부처님께 사뢰었습니다.

"세존이시여, 부처님께서 문수사리 등 여러 법왕자와 마음의 실상에 대하여 말씀하실 때에 저도 곁에서 들었습니다.
　세존께서는 마음은 안에도 있지 않고 밖에도 있지 않다고 하셨습니다. 제 생각 같아서는 안에 있다면 내장을 먼저 보아야 할 것인데, 아무것도 보이는 바가 없으니 안에 있다고도 할 수가 없고 밖에 있다면 몸과 마음이 서로 알지 못해야 할 것입니다. 그러니 안으로는 아는 것이 없으므로 안에 있다고도 할 수가 없고 몸과 마음이 동시에 서로 알고 있으니 밖에 있다는 것도 옳지 않습니다. 비록 안으로는 봄이 없으나 이렇게 스스로 다 보고 아는 자가 중간에 있을 것입니다."

佛言 汝言中間 中必不迷 非無所在。今汝推中 中何爲在? 爲復在處 爲當在身? 若在身者 在邊非中 在中同內。若在處者 爲有所表? 爲無所表 無表同無 表則無定。何以故? 如人以表 表爲中時 東看則西 南觀成北 表體旣混 心應雜亂。

부처님께서 말씀하셨습니다.
　"네가 중간을 말하니, 그 중간이란 희미한 곳이 아닐 것이다. 반드시 어디에 있을 것이다. 이제 네가 그 중간을 지적하여 보아라! 중간이 어느 곳에 있느냐? 어떠한 다른 장소에 있느냐? 몸에 있느냐? 만약 몸에 있다면 몸을 싸고 있는 피부는 주변이 되므로 중간이 아니고, 가운데라면 안에 있다는 것과 같은 것이다.

만약 어떠한 장소에 있다면, 그 자리를 네가 표시할 수 있겠느냐? 표시할 수 없다면 그곳은 없는 것과 같고, 만일 표시가 된다면 표시된 그곳이 절대로 정해진 곳일 수 없다. 왜냐하면 어떤 사람이 이정표 같은 표지를 해서 그곳을 중간이라고 한다면, 동쪽에서 보면 서쪽이 되고 남쪽에서 보면 북쪽이 되는 것과 같아서 표지가 되는 그 자체가 이미 혼란스러워서 마음도 어지러울 것이니라."

阿難言 我所說中 非此二種。如世尊言 眼色爲緣 生於眼識
아난언 아소설중 비차이종 여세존언 안색위연 생어안식
眼有分別 色塵無知 識生其中 則爲心在。
안유분별 색진무지 식생기중 즉위심재

아난이 세존께 말씀드렸습니다.

"제가 말한 중간이라는 것은 그러한 두 가지의 경우가 아닙니다. 세존께서 말씀하신 대로 눈과 밖의 사물이 인연이 되어서 안식眼識을 낸다는 것입니다. 안근인 눈은 분별함이 있고 색진色塵이라는 물질은 아는 성품이 없는데 안식이 눈과 색진 그 가운데서 일어나므로 이것을 마음이 있는 중간이라고 한 것입니다."

佛言 汝心若在 根塵之中 此之心體 爲復兼二? 爲不兼二
若兼二者 物體雜亂 物非體知 成敵兩立 云何爲中? 兼二不
成 非知不知 卽無體性 中何爲相? 是故應知 當在中間 無
有是處。

부처님께서 말씀하셨습니다.

"네 마음이 만약 눈과 물질 가운데 있다면, 그 마음이 눈과 물질을 겸한 것이냐, 겸하지 않은 것이냐? 만약 둘을 겸했다면 물질과 보는 자체가 섞여서 어지러울 것이다. 물질은 그 자체가 알음알이가 없으므로 보는 눈과 서로 적이 되어 둘로 갈라질 것이다. 그런데 어떻게 중간이 있겠느냐? 마음이 둘을 겸하지 않았다면, 아는 것도 아니요 모르는 것도 아니어서 마음이라는 그 자체의 성질이 없을 것이다. 그런데 중간이라는 것이 어떠한 곳이라 하겠느냐? 그러므로 중간에 있다는 것은 옳지 않다는 것을 알아야 하느니라."

阿難白佛言 世尊! 我昔見佛 與大目連須菩提富樓那舍利弗
四大弟子 共轉法輪 常言 覺知分別心性 旣不在內 亦不在
外 不在中間 俱無所在 一切無著 名之爲心。則我無著 名
爲心不?

아난이 부처님께 말씀드렸습니다.

"세존이시여, 제가 예전에 보니 부처님께서 목건련과 수보리·부루나·사리불 네 큰 제자들과 함께 진리를 말씀하실 적에, 늘 말씀하시기를 지각知覺하고 분별하는 마음이 안에도 있지 않고, 밖에도 있지 않고 안과 밖의 그 중간에도 있지 아니하므로, 아무 데도 있는 데가 없다고 하셨습니다. 그러므로 온갖 것에 집착함이 없는 것을 마음이라고 하신 줄로 압니다. 저도 집착함이 없는 것을 마음이라고 하면 되겠습니까?"

佛告阿難 汝言覺知 分別心性 俱無在者 世間虛空 水陸飛行 諸所物象 名爲一切。汝不著者 爲在爲無? 無則同於龜毛兔角 云何不著? 有不著者 不可名無 無相則無 非無則相 相有則在 云何無著? 是故應知 一切無著 名覺知心 無有是處。

부처님께서 말씀하셨습니다.

"네가 말하기를 지각하고 분별하는 마음이 아무 데도 없다고 하는데, 없다고 하는 것이 저 세간의 허공에, 물에, 땅에 있는 것, 날아다니는 것, 그리고 모든 물건의 형상들을 가리켜서 온갖 것이라 한다. 그런데 네가 집착하지 않는다는 것이 저 모든 것들이 있다는 것이냐, 없다는 것이냐? 저 모든 것들이 없다면, 본디부터 있지도 않은 저 거북의 털과 같고, 있을 수 없는 토끼의 뿔과 같은 것이 된다. 그렇다면 집착하지 않는다는 것이 무엇이냐? 집착하지 않을 것이 있다면, 집착하지 않을 것이 있으므로 없다고도 할 수 없느니라. 형상이 없으면 없는 것이고, 없는 것이 아니면 형상이 있는 것이다. 형상이 있으면 실재하는 것인데 어떻게 집착이 없겠느냐? 그러므로 온갖 것에 집착 없는 것이 지각知覺하는 마음이라고 하는 것은 옳지 않다는 것을 알아야 하느니라."

2. 견見이 곧 진심眞心이다

'견見이 곧 진심眞心이다' '환히 드러내 보이는 자가 참마음이다'라는 뜻입니다. 이 품의 제목부터 깊이 이해를 하고 경문으로 들어가야 합니다. 왜냐하면 불경에서 많이 쓰고 있는 볼 견見 자는 눈으로 물질을 본다는 개념과는 다르게 독해해야 하기 때문입니다. 한자 자전字典에서도 볼 견見 자로도 읽지만 환히 드러내 보일 현見 자로도 읽고, 나타난다는 의미로도 독해합니다. 특히 불교 집안에서는 각성의 성품을 의미하는 말로 견성見性이라는 법구를 많이 씁니다. 바로 나 자신의 모든 것을 전지전능하게 환히 다 드러내 보이는 묘명妙明한 각성覺性의 빛이 곧 견성見性입니다. 그러므로 견성은 곧 불성佛性입니다. 그래서 환히 드러내 보이는 견見이 곧 참마음이라고 부처님이 밝히고 계십니다.

爾時 阿難在大衆中 卽從座起 偏袒右肩 右膝著地 合掌恭
이시 아난재대중중 즉종좌기 편단우견 우슬착지 합장공
敬 而白佛言 我是如來 最小之弟 蒙佛慈愛 雖今出家 猶恃
경 이백불언 아시여래 최소지제 몽불자애 수금출가 유시
憍憐 所以多聞 未得無漏 不能折伏 娑毗羅呪 爲彼所轉 溺
교련 소이다문 미득무루 불능절복 사비라주 위피소전 익
於姪舍 當由不知 眞際所指 唯願世尊 大慈哀愍 開示我等
어음사 당유부지 진제소지 유원세존 대자애민 개시아등

奢摩他路　令諸闡提　隳彌戾車。
_{사 마 타 로　영 재 천 제　휴 미 려 거}

　그때 아난이 대중 가운데 있다가 자리에서 일어나 오른쪽 어깨를 드러내고 오른 무릎을 땅에 붙이고 합장 공경하면서 부처님께 사뢰었습니다.

　"저는 여래의 가장 어린 아우로서 부처님의 사랑만 믿고 출가는 하였으나 귀여워해 주시는 마음을 신뢰한 탓으로 많이 듣기만 하고, 흘러넘치는 욕정을 스스로 깨닫고 아는 각성의 눈으로 은밀히 주시하는 각관覺觀을 닦지 못하였습니다. 그리하여 저 외도들이 외우는 사비가라 주문*을 꺾지도 못하고 도리어 그 주력呪力에 홀려 음실로 끌려들어 갔던 것입니다. 이렇게 된 것은 진실로 마음의 속성을 모르기 때문입니다.

　원컨대 세존이시여, 큰 자비를 베푸시고 가엾이 여기시어 저희들로 하여금 마음 따라 일어나는 온갖 번뇌를 소멸시키는 사마타의 길을 열어 주십시오. 그리하여 저 불종자佛種子가 끊어진 천제*들로 하여금 추악한 소견을 깨뜨리게 하소서."

[주해]

* 사비가라 주문: 사비가라는 번역하여 금두金頭 또는 황발이라 한다. 이들이 주로 사용하는 주문은 선범천이라 한다. 이 학파는 육사외도보다 1세기 정도 나중에 성립된 인도 육파철학

> 의 하나. 고대 우파니샤드 철학의 영향을 받았고 결과가 원인
> 가운데 잠재한다는 인중유과론이다.
> * 천제: 일천제-闡提. 원래의 뜻은 '욕구를 계속하는 사람'이나 단
>   선근斷善根, 신불구족信不具足, 극욕 등으로 번역한다. 성불하는
>   인因을 갖지 못한 이를 말한다.

作是語已 五體投地 及諸大衆 傾渴翹佇 欽聞示誨。
작시어이 오체투지 급제대중 경갈교저 흠문시회

　이렇게 말하고는 이마를 땅에 대고 엎드려서 대중들과 함께 목마르게 부처님의 가르침을 기다렸습니다.

爾時 世尊從其面門 放種種光 其光晃耀 如百千日 普佛世
이시 세존종기면문 방종종광 기광황요 여백천일 보불세
界 六種震動 如是十方 微塵國土 一時開現 佛之威神 令諸
계 육종진동 여시시방 미진국토 일시개현 불지위신 영제
世界 合成一界 其世界中 所有一切 諸大菩薩 皆住本國 合
세계 합성일계 기세계중 소유일체 제대보살 개주본국 합
掌承聽。
장승청

　그때 세존께서 얼굴로 광명을 놓으시니 그 광명이 휘황찬란하여 백천의 해와 같았습니다. 동시에 넓은 부처님의 세계가 여섯 종류로 진동하였습니다. 이와 같이 시방의 미세한 먼지의 수와 같이 많은 국토들이 일시에 다 나타났습니다. 그 모든 세계가 부처님의 위신력으로 하나의 세계로 이루어졌습니

다. 그 세계에 있는 큰 보살들이 모두 자신들이 머물고 있는 국토에서 합장하고 석가세존의 말씀을 들었습니다.

佛告阿難 一切衆生 從無始來 種種顚倒 業種自然 如惡叉
불고아난 일체중생 종무시래 종종전도 업종자연 여악차
聚 諸修行人 不能得成 無上菩提 乃至別成 聲聞緣覺 及成
취 제수행인 불능득성 무상보리 내지별성 성문연각 급성
外道 諸天魔王 及魔眷屬 皆由不知 二種根本 錯亂修習 猶
외도 제천마왕 급마권속 개유부지 이종근본 착란수습 유
加煮沙 欲成嘉饌 縱經塵劫 終不能得。云何二種? 阿難!
가자사 욕성가찬 종경진겁 종불능득 운하이종 아난
一者無始 生死根本 則汝今者 與諸衆生 用攀緣心 爲自性
일자무시 생사근본 즉여금자 여제중생 용반연심 위자성
者 二者無始 菩提涅槃 元清淨體 則汝今者 識精元明 能生
자 이자무시 보리열반 원청정체 즉여금자 식정원명 능생
諸緣 緣所遺者 由諸衆生 遺此本明 雖終日行 而不自覺 枉
제연 연소유자 유제중생 유차본명 수종일행 이부자각 왕
入諸趣。阿難! 汝今欲知 奢摩他路 願出生死 今復問汝。
입제취 아난 여금욕지 사마타로 원출생사 금부문여

부처님께서 아난에게 말씀하셨습니다.

"아난아, 온갖 중생들이 시초가 없는 과거로부터 갖가지 뒤바뀐 망상으로 말미암아 갖가지 업을 짓는 여러 가지 종자들이 스스로 일어났다. 이렇게 허물을 짓는 종자가 마치 씨앗이 한 곳에 모여 여러 가지의 종자를 내는 악차나무의 열매처럼, 모든 도를 수행한다는 사람들도 다시 없는 묘각을 이루지 못하고 별도로 식심識心 소멸의 성문聲聞이나 마음의 속성인 오음五陰 소멸의 연각緣覺이 되기도 한다. 혹은 무엇을 얻어 가지려는 저 외도들과 모든 것을 혼자 독차지하려는 제국주의 근성을 가진 하늘의 마왕과 그 마왕의 권속들이 되기도 한다. 이렇게 되는 까닭은 두 가지 근본을 모르기 때문이다. 모두 어지러운 착란의 생각을 가지고 수행하기 때문이다. 그것은 마치 모래를 삶아서 좋은 음식을 만들려고 하는 것과 같으니라. 그래서 비록 미진수와 같은 겁을 지내면서 수행을 한다 해도 끝내 묘각을 이룰 수가 없다.

그 두 가지의 근본이란 무엇이겠느냐?

하나는 시초가 없는 생사의 근본이니 지금 너와 모든 중생들이 자기 자성이라고 고집하는 마음이니라. 마음은 어떤 대상이 있어야만 일어나므로 이를 반연심攀緣心이라 한다. 바로 이 반연심이 문제이고, 또 하나는 시초가 없는 '적멸의 낙'인 보리열반이 원래로 청정한 본체이다. 그러므로 지금 너의 그 깨닫고 아는 맑은 정신인 식정識精이 원래로 밝은 것이다. 이 식정으로 하여금 모든 인연을 내는데, 그 인연으로 말미암아 도리어 밝은 식정이 상실되고 만다. 모든 중생들이 이렇게 본래로 청정한 밝은 각성을 잃었기 때문에 비록 종일토록 그 본래로 맑고 밝은 본묘각의 각성으로 행동하면서도 스스로 본각을 깨닫지도 못하고 오히려 깨닫고 아는 본각이 잘못되어서 모든 갈래에 들어가게 된다.

아난아, 네가 지금 환관·멸관·적관 세 가지 관법인 사마타의 길을 알아서 생사에서 벗어나기를 원하니 이제 다시 네게 묻겠다."

卽時 如來擧金色臂 屈五輪指 語阿難言 汝今見不?
즉시 여래거금색비 굴오륜지 어아난언 여금견부

여래께서 이렇게 말씀하시고 금빛 팔을 들어 다섯 손가락을 구부리시고 말씀하셨습니다.

"아난아, 네가 지금 이것을 보느냐?"

阿難言 見
아난언 견

"예, 봅니다."

佛言 汝何所見?
불언 여하소견

"무엇을 보느냐?"

阿難言 我見如來 擧臂屈指 爲光明拳 耀我心目。
아난언 아견여래 거비굴지 위광명권 요아심목

"여래께서 팔을 들고 손가락을 구부려서 빛나는 주먹을 만드시고 저의 마음과 눈에 비추심을 봅니다."

佛言 汝將誰見?
불언 여장수견

"네가 무엇으로 보느냐?"

阿難言 我與大衆 同將眼見。
아난언 아여대중 동장안견

"저와 대중이 다 같이 눈으로 봅니다."

佛告阿難 汝今答我 如來屈指 爲光明拳 耀汝心目 汝目可
불고아난 여금답아 여래굴지 위광명권 요여심목 여목가
見 以何爲心 當我拳耀?
견 이하위심 당아권요

"네가 지금 대답하기를, '여래가 손가락을 구부려서 빛나는 주먹을 만들어서 네 마음과 눈에 비춘다'고 하니, 네 눈으로는 보겠지만, 무엇을 마음이라 하여 나의 빛나는 주먹을 보느냐?"

阿難言 如來 現今徵心所在 而我以心 推窮尋逐 卽能推者
아난언 여래 현금징심소재 이아이심 추궁심축 즉능추자
我將爲心。
아장위심

아난이 말씀드렸습니다.
"여래께서 지금 저에게 마음이 있는 곳을 물으셨습니다. 제가 이 마음으로 이리저리 살펴보고 생각하는 것을 미루어 보아, 곧 이렇게 이리저리 생각하며 살펴보는 자를 저의 마음이라고 합니다."

佛言 咄! 阿難! 此非汝心。
불언 돌 아난 차비여심

부처님께서 놀라워하시며 말씀하셨습니다.
"아니다, 아난아! 그것은 네 참마음이 아니다."

阿難矍然避座 合掌起立 白佛 此非我心 當名何等?
아난확연피좌 합장기립 백불 차비아심 당명하등

아난이 깜짝 놀라 앉은 자리를 피하면서 합장하고 서서 부처님께 사뢰었습니다.
"이것을 제 마음이 아니라고 하시면 무엇이라고 해야 합니까?"

佛告阿難 此是前塵 虛妄相想 惑汝眞性 由汝無始 至於今
불고아난 차시전진 허망상상 혹여진성 유여무시 지어금
生 認賊爲子 失汝元常 故受輪轉。
생 인적위자 실여원상 고수륜전

부처님께서 아난에게 말씀하셨습니다.
"아난아, 그것은 앞에 나타난 허망한 망상의 현상이다. 그것은 생각하는 상상으로서 네 참 성품을 현혹시킨 생각일 뿐이다. 너희들이 시초가 없는 과거로부터 지금까지 도적을 친자식으로 오인한 꼴이 되었다. 그래서 너는 네 본래로 항상 밝은 묘명한 각성을 잃어버리고, 생멸하는 망상을 따라 생사계에 휘말려 윤회하게 되었다."

阿難白佛言 世尊！ 我佛寵弟 心愛佛故 令我出家。我心何
獨 供養如來 乃至遍歷 恒沙國土 承事諸佛 及善知識 發大
勇猛 行諸一切 難行法事 皆用此心 縱今謗法 永退善根 亦
因此心。若此發明 不是心者 我乃無心 同諸土木 離此覺知
更無所有 云何如來 說此非心？我實驚怖 兼此大衆 無不疑
惑 唯垂大悲 開示未悟。

아난이 부처님께 사뢰었습니다.

"세존이시여, 저는 부처님의 총애를 받는 아우입니다. 제 마음이 역시 부처님을 사랑하여 저를 출가하게 한 것입니다. 제 마음이 어찌 유독 여래만을 공양하겠습니까? 항하사 국토를 편력하더라도 모든 부처님과 선지식을 섬길 것입니다. 비록 법을 비방하여 영원히 선근에서 물러난다 하더라도 이 또한 이 마음일 것입니다. 그런데 만일 이 분명한 생각을 마음이 아니라고 하신다면 저는 마음이 없는 토목과 같을 것입니다.

이렇게 깨닫고 아는 이것을 마음이 아니라고 버린다면 다시 마음이라 할 것이 없습니다. 그런데 어찌하여 여래께서는 이것을 마음이 아니라고 하십니까? 저는 참으로 놀라움을 금할 수가 없나이다. 이 대중들도 의혹에 빠지지 않은 이가 없사오니, 원컨대 대자비를 베푸시어 이렇게 모르는 저희들을 깨우쳐 주소서."

爾時 世尊開示阿難 及諸大衆 欲令心入無生法忍 於師子座
摩阿難頂 而告之言 如來常說 諸法所生 唯心所現 一切因
果世界微塵 因心成體。阿難! 若諸世界 一切所有 其中乃
至草葉縷結 詰其根元 咸有體性 縱令虛空 亦有名貌 何況
淸淨 妙淨明心 性一切心 而自無體? 若汝執悋 分別覺觀
所了知性 必爲心者 此心卽應離諸一切 色香味觸 諸塵事業
別有全性 如汝今者 承聽我法 此則因聲 而有分別 縱滅一
切 見聞覺知 內守幽閑 猶爲法塵 分別影事 我非勅汝 執爲
非心 但汝於心 微細揣摩 若離前塵 有分別性 卽眞汝心 若
分別性 離塵無體 斯則前塵 分別影事 塵非常住 若變滅時
此心則同 龜毛兎角 則汝法身 同於斷滅 其誰修證 無生法
忍?

그때 세존께서는 아난과 모든 대중에게 항상 자신들의 몸과 마음을 환히 드러내 보이는 묘한 각성覺性이 저마다 있음을 깨우쳐 주시려고 여러 측면으로 설명하셨습니다.

저 우주와 같은 각성의 하늘에 부질없이 생멸하는 구름 같은 식심들은 분명 참마음이 아니라는 진실을 알아야 합니다. 그렇지 않고는 생멸이 있으려야 있을 수 없는, 항상 멸하지 않고 항상 묘하게 밝은 무생법인無生法忍이라 이름하는 묘각장妙覺藏으로 들어갈 수가 없습니다.

세존께서는 이러한 진실을 깨우쳐 주시려고 사자좌에서 아난의 정수리를 만지시면서 말씀하셨습니다.

"여래가 항상 말하기를 모든 만법이 생기는 것은 오직 마음이 일어난 바라 하였다. 온갖 원인도 결과도 세계도 작은 티끌까지도 그 까닭은 마음으로 된다고 하였다.

아난아! 이 모든 세계의 온갖 것, 아주 작은 풀잎이나 실오라기 하나까지라도 그 근원을 캐 보면 모두 그 몸을 만든 체성이 있고, 비록 허공이라 할지라도 이름과 모양이 있는데 하물며 청정하고 묘하게 맑고 밝은 참마음을 말해 무엇 하랴. 온갖 만법의 근본 성품이 되는 저 마음이 어찌 그 자체의 성품이 없겠느냐.

만약 네가 분별하고 깨닫고 관찰하고 아는 마음을 고집스럽게 네 참마음이라고 한다면, 그 마음이 온갖 빛깔, 향기, 맛, 감촉 등 모든 상대적인 대상을 여의고도 마땅히 온전한 마음이라 할 수 있는 성품이 별도로 있어야 할 것이다.

지금 네가 내 법문을 듣는 것도 이것이 소리로 인하여 분별이 있는 것이며, 비록 모든 것을 보고 듣고 깨닫고 아는 것을 없애고, 안으로 그윽이 고요한 무심을 지킨다 하더라도 그 역시 6근六根에 반영된 식심이니, 그윽이 고요한 현상이 전의식前意識에 반영된 무심일 뿐이다.

이같이 마음이라는 실체는 상대하는 대상인 현상(法塵)을 여의면 존재할 수 없다. 그러므로 마음이란 분별하는 식심의 그림자에 불과한 것이다.

내가 네게 말하려는 취지는 그런 식심의 평상심이 마음이 아니라고 고집하라는 것은 아니다. 다만 그 마음이라는 것에 대하여 세밀하게 생각해 보라는 것이다. 만약 상대하는 현상적인 것들을 제외하고도 분별하는 식심이 있는 것이라면 그것은 곧 내 참마음인 것이다. 그러나 만약 그 분별하는 식심이 사람을 보면 사람이라는 생각, 꽃을 보면 꽃이라는 생각이 일어나듯이 이러한 대상들을 제외하고는 생각이란 자체가 없을 것이다. 그렇다면 그것이 곧 상대된 현상에 의한 분별하는 식심의 그림자인 마음인 것이다.

그런데 현상은 항상 그대로 있는 것이 아니니 그것이 변하여 없어지면 이 마음이라는 것도 당연히 없을 것이다. 만약 마음이 있다고 고집을 부리면 마치 본래부터 있지도 않은 거북의 털과 토끼의 뿔과 같은 꼴이 된다. 그렇다고 한다면 네가 본래로 깨닫고 아는 각성의 몸인 법신法身이 단멸한 것과 같을 것이니, 누가 나지도 멸하지도 않는 묘각의 무생법인無生法忍을 닦아서 증득할 수 있다고 하겠느냐?"

卽時 阿難與諸大衆 黙然自失。佛告阿難 世間一切 諸修學
人 現前雖成 九次第定 不得漏盡 成阿羅漢 皆由執此 生死
妄想 誤爲眞實 是故汝今 雖得多聞 不成聖果。

그때 아난과 모든 대중들이 넋을 잃고 묵묵히 앉아 있었습니다.

부처님께서 말씀하셨습니다.

"아난아, 세간에서 여러 부류들이 수행을 하고 있다. 그 사람들이 비록 현세에서 심신心身을 가지고 사선四禪, 사공四空, 멸진정滅盡定을 얻고 이렇게 구차제정九次第定을 닦아 무엇을 이루었다 하더라도 의식과 잠재의식과 무의식으로 조직화된 마음의 흐름을 따르게 되는 근본무명을 멸하지 못하고 몸의 감성과 식심의 마음을 가지고 수행을 해서는 식심을 따라 윤회하지 않는 샘(漏)이 다한 아라한이 되지 못한다. 그것은 모두가 가지고 있는 이 나고 죽는 마음을 진실한 진묘각眞妙覺으로 잘못 알고 있기 때문이다. 그러므로 네가 지금 많이 들어 기억하는 다문多聞은 얻었으나 생멸하는 마음을 벗어난 성과聖果는 아직 이루지 못한 것이다."

阿難聞已 重復悲淚 五體投地 長跪合掌 而白佛言 自我從
佛 發心出家 恃佛威神 常自思惟 無勞我修 將謂如來 惠我

三昧 不知身心 本不相代 失我本心 雖身出家 心不入道 譬
삼매 부지신심 본불상대 실아본심 수신출가 심불입도 비
如窮子 捨父逃逝 今日乃知 雖有多聞 若不修行 與不聞等
여궁자 사부도서 금일내지 수유다문 약불수행 여불문등
如人說食 終不能飽。世尊！我等今者 二障所纏 良由不知
여인설식 종불능포 세존 아등금자 이장소전 양유부지
寂常心性 唯願如來 哀愍窮露 發妙明心 開我道眼。
적상심성 유원여래 애민궁로 발묘명심 개아도안

아난이 듣고는 더없이 슬픈 마음이 북받쳐 눈물을 쏟으며 땅에 엎드렸다가 다시 꿇어앉아 합장하고 부처님께 사뢰었습니다.

"제가 부처님을 따라서 발심하여 출가는 하였으나, 부처님의 위신력만을 믿고 항상 스스로 생각하기를 수고롭게 내가 닦지 않아도 여래께서 삼매를 얻게 해 주실 것이라고 믿었습니다. 더 이상 없는 무상대각을 성취하신 부처님이라도 몸과 마음은 본래로 서로 달라서 절대로 서로 대신할 수 없다는 것을 모르고, 제 스스로 삼매를 닦지 않아서 본래 참마음인 각성을 잃었습니다. 비록 몸은 출가하여 세상을 떠나 있지만, 모든 것을 환히 지켜보는 묘각妙覺의 각성覺性 속에 들지 못하였습니다. 마치 묘각을 등지고 마음을 따라 헤맨 꼴이 아비를 버리고 집을 도망쳐 나온 빈궁한 아들과 같습니다.

오늘에야 비로소 알았습니다. 설사 들은 것이 많다 하더라도 제대로 수행하지 않으면 듣지 않은 것과 하나도 다를 바가 없습니다. 마치 음식을 먹는 것과 같습니다. 말로만 먹는다고 하고 실제로 먹지 않으면 배가 부르지 않는 것과 같습니다.

　세존이시여, 저희들이 망상으로 고뇌하는 번뇌의 장애(煩惱障)와 무엇을 많이 아는 소지장所知障이라는 이 두 가지의 장애에 얽힌 것은 진실로 항상 고요한 마음의 밑바탕에서 빛나는 각성을 알지 못한 탓이오니, 원컨대 여래께서는 이 빈궁한 아들을 불쌍히 여기시어 본래로 명묘明妙한 묘각妙覺의 각명覺明으로 이 암울한 마음을 환히 밝히시어 저로 하여금 묘각으로 들어가는 눈을 활짝 열어 주소서!"

卽時 如來從胸卍字 涌出寶光 其光晃昱 有百千色 十方微
塵 普佛世界 一時周遍 遍灌十方 所有寶刹 諸如來頂 旋至
阿難 及諸大衆 告阿難言 吾今爲汝建大法幢 亦令十方 一
切衆生 獲妙微密 性淨明心 得淸淨眼。阿難! 汝先答我 見
光明拳 此拳光明 因何所有? 云何成拳? 汝將誰見?

　그때 여래께서 32상 80종호의 하나인 가슴의 卍자로부터 보배로운 광명을 놓으시니 그 광명이 백천 가지의 색깔로 찬란히 빛나는 것이었습니다. 그 빛이 일시에 시방의 미진수와 같은 부처님의 넓은 보배 장엄의 세계에 두루 비추니 모든 불국토에 가득 계시는 부처님들의 정수리에 그 빛이 닿았다가 다시 되돌아와서는 아난과 대중들에게 두루 비추었습니다.

이렇게 상서로운 광명상을 보이시고 나서는 아난에게 말씀하셨습니다.

"내가 이제 너를 위하여 삿된 견해를 벗겨 버리고 일체를 환히 드러내 보이는 묘각의 큰 법당法幢을 세우겠다. 그리고 시방의 모든 중생들로 하여금 미묘하고 신비하게 밝은 성품인 청정한 묘각의 묘명성을 터득케 하여 항상 두루 밝게 보아 걸림이 없는 깨끗한 눈을 얻게 하리라.

아난아, 네가 앞에서 먼저 대답하기를 '제가 빛나는 주먹을 봅니다'라고 하였다. 그런데 이 주먹의 광명이 어떻게 해서 있는 것이며, 주먹은 어떻게 해서 된 것이냐? 그리고 너는 무엇으로 보았느냐?"

阿難言 由佛全體 閻浮檀金 赩如寶山 淸淨所生 故有光明
我實眼觀 五輪指端 屈握示人 故有拳相。

아난이 말하였습니다.

"부처님의 온몸이 염부단금이시며, 보석으로 된 산처럼 빛났습니다. 이는 청정한 데서 생긴 광명입니다. 제가 보는 것은 눈이며, 다섯 손가락을 구부려 쥐므로 주먹이 된 것입니다."

佛告阿難 如來今日 實言告汝 諸有智者 要以譬喩 而得開
悟。阿難! 譬如我拳 若無我手 不成我拳 若無汝眼 不成汝
見 以汝眼根 例我拳理 其義均不?

부처님께서 말씀하셨습니다.

"아난아, 여래가 오늘 진실한 말을 네게 이르노니, 모든 지혜로운 자는 비유로써 알게 할 수 있을 것이다. 아난아, 비유하면 만약 내 손이 없다면 주먹을 쥘 수 없는 것처럼 네 눈이 없으면 네가 본다는 것이 성립될 수 없다. 이런 이치로 미루어 보아 네 눈을 내 주먹의 경우에 비긴다면 그 뜻이 같지 않겠느냐?"

阿難言 唯然 世尊! 旣無我眼 不成我見 以我眼根 例如來
拳 事義相類。

아난이 말하였습니다.

"예, 그렇습니다. 세존이시여! 제 눈이 없으면 제 안근으로 본다는 것이 있을 수 없습니다. 여래의 주먹에 대한 이치와 서로 비교해 뜻이 같습니다."

佛告阿難 汝言相類 是義不然。何以故? 如無手人 拳畢竟

滅。彼無眼者 非見全無。所以者何? 汝試於途 詢問盲人
汝何所見? 彼諸盲人 必來答汝 我今眼前 唯見黑暗 更無
他矚。以是義觀 前塵自暗 見何虧損?

부처님께서 말씀하셨습니다.

"아난아, 네가 그것이 서로 같다고 하지만 실제의 뜻이 그렇지 않다. 왜 그럴까? 손이 없는 사람은 주먹을 끝끝내 쥘 수 없지만, 눈이 없는 사람은 완전히 그 무엇도 볼 수 없다고는 하지 않는다. 네가 시험 삼아서 길에 나가서 앞을 못 보는 소경을 붙들고 물어 보아라. '당신은 지금 무엇을 보시오?'라고 하면 그들은 필시 네게 대답하기를 '내 눈앞에는 새카만 어둠만이 보인다'라고 할 것이다. 이러한 사실에 입각해 관찰해 보면 앞에 상대되는 것이 당연히 새카만 어둠일지라도, 실제는 보고 못 보는 양면을 환히 드러내 보이는 성품에 과연 어떤 영향을 줄 수가 있겠는가? 그 밝고 어두운 양면성을 보는 성품을 견성見性이라 하느니라."

阿難言 諸盲眼前 唯睹黑暗 云何成見?

아난이 말하였습니다.

"눈먼 소경들이 눈앞에 새카만 어둠만 보는 것을 어찌 볼 수 있다 하겠습니까?"

佛告阿難 諸盲無眼 唯觀黑暗 與有眼人 處於暗室 二黑有別 爲無有別?

부처님께서 아난에게 말씀하셨습니다.

"저 눈먼 소경들이 보는 어둠과 눈 밝은 사람들이 암실에서 보는 어둠이 같은 것이냐, 다른 것이냐?"

如是 世尊! 此暗中人 與彼群盲 二黑校量 曾無有異。

"그렇습니다, 세존이시여! 암실에 있는 눈 밝은 사람들의 어둠과 맹인들의 두 어둠을 비교해 생각건대 다를 바가 없습니다."

阿難! 若無眼人 全見前黑 忽得眼光 還於前塵 見種種色 名眼見者 彼暗中人 全見前黑 忽獲燈光 亦於前塵 見種種色 應名燈見。若燈見者 燈能有見 自不名燈 又則燈觀 何關汝事? 是故當知 燈能顯色 如是見者 是眼非燈 眼能顯色 如是見性 是心非眼。

"아난아, 만약 맹인이 캄캄한 어둠만을 보다가 갑자기 눈이 열리면 앞에 나타난 여러 가지 환경의 빛깔을 볼 것이다. 이런 경우 이것을 눈이 보는 것이라고 한다. 그리고 저 암실 속에서 어둠만을 보던 사람이 문득 등불을 얻었을 때 역시 앞에 있는 것들의 여러 가지 빛깔을 보게 되는데 이런 경우에는 마땅히 그 사람의 눈이 보는 것이 아니고 등이 본다고 해야 하지 않겠느냐?

만약 등이 본다면 등이 보는 능력을 가졌으니 자연히 등이라고도 할 수 없으려니와 또 그 등이 보는 것과 너와는 아무런 상관도 없지 않느냐?

그러므로 마땅히 알라! 등은 자연히 빛을 나타낼 뿐이다. 보는 것은 네 눈이요, 등이 아닌 것처럼 눈은 밝고 어둠을 다 드러내 보일 뿐이다. 이렇게 양면을 환히 보는 것은 참마음이요, 눈도 아니라는 사실을 알아야 하느니라."

3. 견見은 드러내 보이는 자로 움직이지 않는다

만물을 드러내 보이는 거울 자체(見性)는 항상 그대로이다.

阿難雖復得聞是言 與諸大衆 口已黙然 心未開悟 猶冀如來
慈音宣示 合掌淸心 佇佛悲誨。

아난이 부처님의 말씀을 듣고 대중들과 더불어 비록 입을 다물고 말없이 잠잠히 있었으나 마음은 아직도 열리지 않았습니다. 오히려 여래의 자비로운 음성으로 깨우쳐 주실 것을 경건한 마음으로 합장하고 가르침을 기다렸습니다.

爾時 世尊舒兜羅綿 網相光手 開五輪指 誨勅阿難 及諸大衆 我初成道 於鹿園中 爲阿若多 五比丘等 及汝四衆言 一切衆生 不成菩提 及阿羅漢 皆由客塵煩惱所誤 汝等當時 因何開悟 今成聖果?

이때에 세존께서 32상 중의 하나인 도라면 같고 그물 모양인 손을 들어 다섯 손가락을 펴고 아난과 대중들에게 말씀하셨습니다.

"내가 처음 성도하고 녹야원에서 아야다 등 다섯 비구와 너희 사부중에게 말하기를, 깨달음과 아라한을 이루지 못하는 것은 모두 자기가 아닌 객진번뇌 망상客塵煩惱 妄想을 자기로 착각한 탓이라고 하였느니라. 그런데 너희들은 그때 어떻게 깨닫고 지금 성과聖果를 이루었느냐?"

時 憍陳那起立白佛 我今長老 於大衆中 獨得解名 因悟客塵 二字成果。世尊! 譬如行客 投寄旅亭 或宿或食 食宿事畢 俶裝前途 不遑安住。若實主人 自無攸往 如是思惟 不住名客 住名主人 以不住者 名爲客義。又如新霽 清暘昇天 光入隙中 發明空中 諸有塵相 塵質搖動 虛空寂然 如是思惟 澄寂名空 搖動名塵 以搖動者 名爲塵義。

이때 아야교진나가 자리에서 일어나 부처님께 사뢰었습니다.

"저는 이제 나이도 많사오나 대중 가운데서 먼저 깨달았다는 이름을 얻었습니다. 그것은 부처님이 말씀하신 객진客塵이라는 두 글자의 뜻을 깨닫고 성과를 이루었기 때문입니다.

세존이시여! 비유하면, 길 가는 나그네가 여관에 들어가서 식사도 하고 잠도 잘 자고는 아침 일찍 일어나 짐 보따리를 챙겨 편히 쉴 사이도 없이 여관을 곧 떠나지만 그 집 주인은 어디에도 가는 바가 없나이다. 이렇게 생각해 보면 늘 머물지 않는 것은 객이고 항상 머무는 것은 주인입니다. 여기서 객이라는 뜻은 바로 잠시도 머물지 않는 번뇌망상이고 그 번뇌망상을 환히 다 아는 자는 저 여관집 주인과 같은 제 자신의 각성覺性인 진심眞心인 것을 알았습니다.

그리고 또 다른 비유로는, 궂은 날에 비가 개이고 날이 밝아 햇빛이 빈 창틈으로 들어오면 어둑한 공간에서 생각도 못했던 뽀얀 먼지가 요동하는 것을 볼 수 있습니다. 저 무수한 먼지는 요동을 하지만 빈 공간의 허공은 한결같이 고요합니다. 이렇게 사유해 보면 항상 맑고 고요한 것은 허공이요, 요동하는 것은 티끌인 먼지입니다. 부연하면 객客과 같은 먼지는 끊임없이 돌고 도는 번뇌망상이고 한결같이 맑고 고요한 것은 제 스스로 두루 깨닫고 아는 각성覺性입니다. 이러한 사실로 미루어 보아 항상 그대로 맑게 깨어 있는 허공과 같음은 진심眞心임을 알았습니다."

佛言 如是。
불언 여시

부처님께서 말씀하셨습니다.
"그렇다. 그와 같다."

卽時 如來於大衆中 屈五輪指 屈已復開 開已又屈 謂阿難
言 汝今何見? 阿難言 我見如來 百寶輪掌 衆中開合。

즉시 여래께서 대중 가운데에서 다섯 손가락을 구부렸다가 펴시고 폈다가 또 구부리고 하시면서 아난에게 말씀하셨습니다.

"네가 이제 무엇을 보았느냐?"

아난이 대답하였습니다.

"여래께서 손을 쥐었다 폈다 하시는 것을 보았습니다."

佛告阿難 汝見我手 衆中開合 爲是我手 有開有合? 爲復汝見 有開有合?

부처님께서 아난에게 말씀하셨습니다.

"네가 내 손이 쥐었다 폈다 함을 보았다니 그 보는 자가 내 손의 폄과 오므림을 보고 있는 것이냐? 네 그 보는 자가 펴고 오므리고 하느냐?"

阿難言 世尊! 寶手衆中開合 我見如來 手自開合 非我見性 自開自合。

아난이 말씀드렸습니다.

"세존께서 손을 대중 가운데서 쥐었다 폈다 하시오매 제가 본 것은 여래의 손이 펴짐과 오므림입니다. 제 이 보는 성품에 펴고 오므리고 함이 있는 것은 아닙니다."

佛言 誰動誰靜?
불언 수동수정

부처님께서 말씀하셨습니다.
"어느 것이 움직이고 어느 것이 고요한 것이냐?"

阿難言 佛手不住 而我見性 尚無有靜 誰爲無住?
아난언 불수부주 이아견성 상무유정 수위무주

"부처님 손이 가만히 있지 않았고 제 보는 성품은 오히려 고요하다고도 할 것도 없으나 무엇이 가만히 있지 않았다고 할 것입니까?"

佛言 如是。
불언 여시
如來於是 從輪掌中 飛一寶光 在阿難右 卽時阿難 迴首右
여래어시 종륜장중 비일보광 재아난우 즉시아난 회수우
盼 又放一光 在阿難左 阿難又則 迴首左盼。
반 우방일광 재아난좌 아난우즉 회수좌반

부처님께서 기특히 여기시며 "그렇다."라고 하셨습니다.
그때 여래께서 손바닥으로부터 한 줄기 보배로운 광명을 날려서 아난의 오른쪽에 빛이 있게 하시니 아난이 머리를 돌려서 오른쪽을 보았습니다. 다시 한 광명을 놓아서 아난의 왼쪽으로 빛을 보내시니 아난이 또 머리를 왼쪽으로 돌려서 보았습니다.

佛告阿難 汝頭今日 何因搖動?
불고아난 여두금일 하인요동

부처님께서 말씀하셨습니다.
"아난아! 네 머리가 오늘 어찌하여 요동하느냐?"

阿難言 我先如來 出妙寶光 來我左右 故左右觀 頭自搖動。
아난언 아선여래 출묘보광 래아좌우 고좌우관 두자요동

아난이 말씀드렸습니다.
"여래께서 광명을 놓아서 제 좌우로 보내시므로 제가 좌로 우로 보자니 머리가 자연히 좌우로 움직입니다."

阿難! 汝盼佛光 左右動頭 爲汝頭動 爲復見動?
아난 여반불광 좌우동두 위여두동 위부견동

"아난아! 네가 부처님 광명을 보느라고 좌우로 머리를 움직였다니, 네 머리가 움직인 것이냐, 네 그 보는 성품이 움직인 것이냐?"

世尊! 我頭自動 而我見性 尙無有止 誰爲搖動?

"세존이시여, 제 머리가 움직인 것입니다. 제 보는 성품은 보고 못 보고가 없습니다. 그러므로 보는 성품에 있어서는 동하고 부동함이 없나이다. 무엇이 요동친다 하겠습니까?"

佛言 如是

부처님께서 "그렇다."고 말씀하셨습니다.

於是如來 普告大衆 若復衆生 以搖動者 名之爲塵 以不住者 名之爲客 汝觀阿難 頭自動搖 神無所動 又汝觀我 手自開合 見無舒卷 云何汝今 以動爲身? 以動爲境? 從始洎終 念念生滅 遺失眞性 顚倒行事 性心失眞 認物爲己 輪迴是中 自取流轉。

그리고 여래께서 널리 대중에게 말씀하셨습니다.

"만약 중생들이 사물이 요동하는 것을 티끌(塵)이라 하고 생각이 잠시도 머물지 않는 것을 객진번뇌라는 뜻으로 객客이라 한다면, 너희는 보라. 아난의 머리가 움직였지만, 보는 성품은 움직이지 않았다. 이는 깨닫고 아는 각성의 눈 견성見性임을 알아야 할 것이다. 그러므로 내가 손을 펴고 오므리고 하지만

수능엄경 제1권 125

너희들이 보는 그 성품은 펴고 오므리고 함이 있을 수 없다는 사실을 알았을 것이다. 그런데 너희들은 어찌하여 짐짓 생각마다 일어났다 소멸하는 분별망상의 식심을 가지고 그것을 너희 자신인 줄로 착각을 하고 있느냐? 그러므로 항상 환히 드러내 보이는 참성품인 견성見性을 잃고 객진번뇌를 끊임없이 따라다니는 뒤바뀐 짓을 하며 살고 있지 않느냐! 그렇게 된 까닭은 본래로 만법을 환히 드러내 보이는 무동無動의 참성품인 견성을 깨닫지 못했기 때문이다.

 무동의 견성은 너희 마음까지도 환히 드러내 보이는 묘각妙覺의 빛인데, 견성을 잃고 분별망상의 식심과 물질로 된 육신을 참 자기로 알고 그것을 애착하기 때문에 스스로 윤회하는 생멸심 가운데로 흘러들어 가서 쉼없이 생사윤회를 하게 되었던 것이니라."

수능엄경 제2권

爾時 阿難及諸大衆 聞佛示誨 身心泰然 念無始來 失却本
心 妄認緣塵 分別影事 今日開悟 如失乳兒 忽遇慈母 合掌
禮佛 願聞如來 顯出身心 眞妄虛實 現前生滅 與不生滅 二
發明性。

　그때 아난과 모든 대중이 부처님의 가르침을 듣고 몸과 마음이 편안하여 태연해졌습니다. 생각해 보니 언제 어느 때라고 말할 수 없는 과거부터 두루 다 환히 드러내 보이는 거울 같은 참마음인 견성을 까맣게 잊어버리고, 부질없이 육근으로 반연된 그림자 같은 식심을 '나'라고 잘못 인식해 왔습니다. 오늘 몸과 마음을 환히 드러내 보이는 견성을 깨닫고 보니 마치 젖먹이가 잃어버렸던 어머니를 갑자기 만난 것과 같았습니다.

대중들은 모두 합장하고 부처님께 감사의 절을 올렸습니다. 모두 예경을 드리고 여래께서 몸과 마음에 있어서 진실한 것과 허망한 것을 분류하시어 지금 현실적으로 생멸하는 것과 영원히 생멸하지 않는 두 가지의 참성품을 밝혀 주시기를 간절히 바랐습니다.

時波斯匿王 起立白佛 我昔未承 諸佛誨勅 見迦旃延 毗羅
시 바 사 닉 왕　기 립 백 불　아 석 미 승　제 불 회 칙　견 가 전 연　비 라
胝子 咸言此身 死後斷滅 名爲涅槃。 我雖値佛 今猶狐疑
지 자　함 언 차 신　사 후 단 멸　명 위 열 반　　아 수 치 불　금 유 호 의
云何發揮 證知此心 不生滅地? 今此大衆 諸有漏者 咸皆願
운 하 발 휘　증 지 차 심　불 생 멸 지　금 차 대 중　제 유 루 자　함 개 원
聞。
문

이때 바사닉왕이 일어서서 부처님께 사뢰었습니다.

"제가 전에 부처님의 가르침은 받지 못하고 가전연과 비라지자를 만났는데 그들은 모두 이 몸이 죽은 뒤에는 아주 없어지는데 이것을 열반이라고 한다 하였습니다. 이제 부처님을 만나 법문을 들었습니다만 아직도 의심이 되오니, 어떻게 해야 이 마음 가운데서 생멸하지 않는 경지를 알게 되는지요? 이 대중들 중에 번뇌가 있는 이들은 모두 이에 대한 가르침을 듣고자 합니다."

佛告大王 汝身現在 今復問汝 汝此肉身 爲同金剛 常住不
불 고 대 왕　여 신 현 재　금 부 문 여　여 차 육 신　위 동 금 강　상 주 불

朽 爲復變壞? 世尊! 我今此身 終從變滅。
후 위부변괴 세존 아금차신 종종변멸

부처님께서 대왕에게 말씀하셨습니다.

"현재 지금 당신의 몸에 대하여 물어 봅시다. 당신의 그 육체가 불변하는 금강처럼 견고하여서 항상 무너지지 않는다고 생각합니까, 필경 무너지는 것이라고 생각합니까?"

"세존이시여, 제 이 몸뚱이는 마침내 없어질 것입니다."

佛言 大王! 汝未曾滅 云何知滅? 世尊! 我此無常 變壞之
불언 대왕 여미증멸 운하지멸 세존 아차무상 변괴지
身 雖未曾滅 我觀現前 念念遷謝 新新不住 如火成灰 漸漸
신 수미증멸 아관현전 염념천사 신신부주 여화성회 점점
銷殞 殞亡不息 決知此身 當從滅盡。
소운 운망불식 결지차신 당종멸진

"대왕이여, 당신은 아직 죽지 않았는데, 어떻게 죽을 것을 압니까?"

"세존이시여! 제 이 덧없이 변해 가는 몸뚱이는 비록 아직은 죽지 않았사오나 지금 당장도 생각마다 변천하고 새록새록 멈추지 않고 변해 가는 것이 마치 불에 타는 나무둥치가 서서히 재가 되어 사그라지듯 쉬지 않고 없어져 가고 있으니 틀림없이 이 몸은 없어진다는 것을 압니다."

佛言 如是! 大王! 汝今生齡 已從衰老 顏貌何如童子之時?
불언 여시 대왕 여금생령 이종쇠로 안모하여동자지시

世尊! 我昔孩孺 膚腠潤澤 年至長成 血氣充滿 而今頹齡
迫於衰耄 形色枯悴 精神昏昧 髮白面皺 逮將不久 如何見
比充盛之時?

부처님께서 말씀하셨습니다.

"그렇습니다. 대왕이여! 당신은 나이가 이제 노쇠함에 이르렀습니다. 지금 그 얼굴을 동자의 시절과 비교해 보시오. 어떠합니까?"

"세존이시여, 제가 옛날 어렸을 적에는 피부가 윤택하였고 장성함에 따라서 혈기가 충만하더니, 이제는 늙어서 쇠잔하여 형색은 초췌하고 정신은 혼미하며 머리털은 희고 얼굴은 쭈그러져서 앞으로 살날이 오래지 않습니다. 그런데 어떻게 충실하고 왕성한 젊은 시절에 비교하겠습니까?"

佛言 大王! 汝之形容 應不頓朽。王言 世尊! 變化密移 我
誠不覺 寒暑遷流 漸至於此。何以故? 我年二十 雖號年少
顏貌已老 初十歲時 三十之年 又衰二十 于今六十 又過于
二 觀五十時 宛然强壯。世尊! 我見密移 雖此殂落 其間流
易 且限十年 若復令我 微細思惟 其變寧唯一紀二紀 實爲
年變 豈唯年變? 亦兼月化! 何直月化? 兼又日遷! 沈思諦
觀 刹那刹那 念念之間 不得停住 故知我身 終從變滅。

부처님께서 말씀하셨습니다.

"대왕이여, 당신 육신의 형용이 갑자기 늙어진 것은 아니지요?"

"세존이시여, 아무런 표도 없이 변화하는 것을 제 스스로는 깨닫지는 못하오나, 계절 따라 추위와 더위가 바뀌고 하는 동안에 차츰 차츰 이 지경에 이르렀습니다. 왜냐하면 제 나이 20대에는 비록 연소하다고는 하였으나 열 살 때보다는 늙은 것이었고, 30대에는 20대보다는 쇠하였습니다. 지금 60에 또 두 살을 더하고 보니 50대에는 완연히 강장했었습니다.

세존이시여, 표도 없이 변천하여 이렇게 늙어 가는 것을 보고 제가 10년씩을 한 기간으로 잡아서 말을 하였으나, 다시 자세히 생각해 보면 그 변하는 것이 어찌 10년 20년으로만 국한되겠습니까? 실로 해마다 변하고 달마다 변하고 날마다 변하는 것입니다. 아니 더 깊이 관찰해 보면 찰나마다 생각마다 그냥 있지 않으니, 제 이 몸뚱이는 마침내 변하여 필경 없어질 것을 압니다."

佛告大王 汝見變化 遷改不停 悟知汝滅 亦於滅時 知汝身中 有不滅耶? 波斯匿王 合掌白佛 我實不知。

부처님께서 말씀하셨습니다.

"대왕이여, 이 몸이 변천하여 머물지 않음을 보고 필경에는 당신이 죽을 것을 안다고 하셨습니다. 그런데, 이 몸이 죽을 때를 당하여 당신 몸 가운데에 죽으려야 죽을 수 없는 각성覺性이 있는 것을 아십니까?"

바사닉왕이 합장하고 부처님께 사뢰었습니다.

"제가 실로 그것을 알지 못합니다."

佛言 我今示汝 不生滅性。大王! 汝年幾時 見恒河水? 王言 我生三歲 慈母攜我 謁耆婆天 經過此流。爾時卽知 是恒河水。

부처님께서 말씀하셨습니다.

"내가 이제 당신에게 생멸하지 않는 성품을 보여 드리겠습니다. 대왕이여, 당신이 몇 살 때에 항하수를 보셨습니까?"

왕이 말하였다.

"내가 세 살 때 어머니가 나를 데리고 기바천을 참배하러 갈 때, 그 강을 지났는데 그때 그것이 항하수라는 것을 알았습니다."

佛言 大王! 如汝所說 二十之時 衰於十歲 乃至六十 日月歲時 念念遷變 則汝三歲 見此河時 至年十三 其水云何? 王言

如三歲時 宛然無異 乃至于今 年六十二 亦無有異。

부처님께서 말씀하셨습니다.

"당신의 말씀대로 스무 살 때가 열 살 때보다 늙었고, 지금 육십에 이르도록 날마다, 달마다, 해마다, 시간마다, 생각생각에 변천한다고 하셨습니다. 그런데 당신이 세 살 때 보던 그 물과 열세 살 때 보던 그 물이 어떠하던가요?"

왕이 말하였습니다.

"세 살 때나 열 살 때나 보는 것은 조금도 다름이 없었습니다. 지금 예순두 살이 되었사오나, 지금도 역시 그때 보던 것과 다를 것이 없습니다."

佛言 汝今自傷 髮白面皺 其面必定 皺於童年 則汝今時 觀此恒河 與昔童時 觀河之見 有童耄不? 王言 不也 世尊!

부처님께서 말씀하셨습니다.

"당신은 이제 모발이 세고 얼굴에 주름진 것을 언짢아하십니다. 그 낯은 어렸을 적보다 주름진 것이 틀림없습니다. 그러나 당신이 지금 저 항하수를 보는 것과 옛날 어렸을 적에 보던 것을 비교해 보면 보는 그 성품에 있어서는 젊음과 늙음에 차별이 있습니까?"

"아닙니다, 세존이시여."

佛言 大王! 汝面雖皺 而此見精。性未曾皺 皺者爲變 不皺
불언 대왕   여면수추 이차견정 성미증추 추자위변 불추
非變 變者受滅 彼不變者 元無生滅。云何於中 受汝生死?
비변 변자수멸 피불변자 원무생멸 운하어중 수여생사
而猶引彼 末伽梨等 都言此身 死後全滅? 王聞是言 信知身
이유인피 말가리등 도언차신 사후전멸 왕문시언 신지신
後 捨生趣生 與諸大衆 踊躍歡喜 得未曾有。
후 사생취생 여제대중 용약환희 득미증유

"대왕이여, 당신의 얼굴은 비록 주름살이 졌으나, 이 보는 정기의 성품은 일찍이 쭈그러진 적이 없습니다. 주름지는 것은 변하는 육신이지만 쭈그러지지도 않고 변천하지도 않는 것은 보는 성품입니다. 변하는 것은 없어지지만 변하지 않는 것은 원래로 생멸이 없는 것입니다. 그러니 어찌 보는 성품 가운데에 그대 몸의 생사가 어떻게 용납이 되겠습니까? 그런데 어찌하여 저 말가리 외도들의 말을 인용하여, 이 몸이 죽은 뒤에는 아주 없어져서 아무것도 없다는 말을 믿습니까?"

왕이 이 말씀을 듣고는 이 몸이 죽은 뒤에도 자신의 각성의 성품은 항상 그대로 존재할 수밖에 없는 이치를 알고는 대중들과 더불어 세상에 다시 없이 신통하고 신기한 깨달음을 얻은 것을 모두 기뻐하였습니다.

阿難卽從座起 禮佛合掌 長跪白佛 世尊! 若此見聞 必不生
아난즉종좌기 예불합장 장궤백불 세존 약차견문 필불생

滅 云何世尊 名我等輩 遺失眞性 顚倒行事? 願興慈悲 洗我塵垢。

아난이 자리에서 일어나서 부처님께 합장하고 절을 하고는 꿇어앉아서 사뢰었습니다.

"세존이시여! 만약 이 보고 듣고 하는 견성見性이 반드시 생멸하지 않는 것이라면 어찌하여 세존께서 저희들을 보고, 참 성품을 잃어버리고 뒤바뀐 행동을 한다고 하셨나이까? 원컨대 자비로써 제 아둔한 마음의 때를 씻어 주소서."

卽時 如來垂金色臂 輪手下指 示阿難言 汝今見我 母陀羅手 爲正爲倒? 阿難言 世間衆生 以此爲倒 而我不知 誰正誰倒?

그때 여래께서 금빛 팔을 드시어 손가락으로 아래를 가리키시면서 아난에게 말씀하셨습니다.

"너는 이제 내가 손가락을 밑으로 해서 서원誓願을 표시하는 결인結印인 모타라의 손모양을 보아라. 이 손이 '바로'냐, '거꾸로'냐?"

아난이 말하였습니다.

"세간 사람들은 세존이 손을 아래로 하신 모습을 보고는 이것을 거꾸로라 하지만, 저는 어떻게 한 것이 바로고 어찌한 것이 거꾸로인지 잘 모르겠습니다."

佛告阿難 若世間人 以此爲倒 卽世間人 將何爲正? 阿難言
불고아난 약세간인 이차위도 즉세간인 장하위정 아난언
如來豎臂 兜羅綿手 上指於空 則名爲正。
여래수비 도라면수 상지어공 즉명위정

"아난아! 만약 세간 사람들이 내가 이렇게 손을 내린 모습을 거꾸로라 한다면 어떤 것을 바로라고 하느냐?"

"여래께서 팔을 세우셔서 손이 위로 하늘을 가리키게 하시면 그것을 바로라고 하겠습니다."

佛卽豎臂 告阿難言 若此顚倒 首尾相換 諸世間人 一倍瞻
불즉수비 고아난언 약차전도 수미상환 제세간인 일배첨
視 則知汝身 與諸如來 淸淨法身 比類發明 如來之身 名正
시 즉지여신 여제여래 청정법신 비류발명 여래지신 명정
遍知 汝等之身 號性顚倒。隨汝諦觀 汝身佛身 稱顚倒者
변지 여등지신 호성전도 수여체관 여신불신 칭전도자
名字何處 號爲顚倒?
명자하처 호위전도

부처님께서 곧 팔을 세우고 아난에게 말씀하셨습니다.

"이렇게 팔이 상하로 뒤바뀌는 것처럼 이것을 뒤바꿈이라 하는 것이다. 결국 머리와 꼬리가 서로 바뀐 것이니 세간의 사람들이 이와 같이 한 번 더 잘못 보는 것이 있느니라. 여기서 곧 알 수 있는 것은, 너희들의 몸과 어떠한 형색도 갖추고 있지 않은 여래의 청정한 법신法身을 비교하여 밝히면 여래의 몸은 원형적으로 두루 다 깨닫고 아는 묘각의 몸이요, 너희들은 몸과 성품이 뒤바뀐 것이니라. 너는 네 몸과 부처님의 몸을 자세히 보아라. 뒤바뀐 것이라면 어디가 어떻게 뒤바뀌었다는 것이냐?"

[주해]

 일반 세속 사람들의 상식으로는 부처님이 지금 아난에게 지적하시는 뒤바뀜을 알기가 매우 어렵습니다. 왜냐하면 대각을 성취하신 세존의 불안으로 보시게 되면 세간과 출세간이 온통 두루 밝은 대광명장이어서 바르다든지 거꾸로라든지 하는 따위가 없습니다. 저 무변허공계도 그냥 다 드러내 보일 뿐입니다. 그러므로 앎으로는 알고 모르고를 다 드러내 보이고, 형색으로는 있고 없음도 온통 다 드러내 보입니다. 마치 둥근 거울같이 어느 방소에서 보아도 똑같이 다 드러나 보입니다. 그래서 묘각의 신비함을 둥근 거울에 비유하여 원각圓覺이라 하고 앎으로는 대원경지大圓鏡智라 합니다. 다시 말하면 대각의 세존은 모든 것을 옳게 직관하시지만, 모든 중생들은 묘각의 거울에 비친 그림자와 같은 마음을 가지고 사유 분별을 하기 때문에 묘각의 거울 대원경지에서 볼 때는 완전히 거꾸로 뒤틀린 견해를 가진 중생이라 아니 할 수가 없습니다.

지금부터 뒤바뀐 중생심으로 돌아가 봅시다.

눈을 한번 감아 보세요. 분명 어둠이 보입니다. 눈을 뜨면 분명 밝음이 보입니다. 이 경우 중생심은 본다, 못 본다고 합니다. 이것이 뒤바뀜입니다. 하지만 근본적으로 뒤바뀜이 있을 수 없는 묘각妙覺의 거울, 보는 성품인 견성見性으로 들어가 보면 결코 보고 못 봄이 없습니다. 있고 없고, 보고 못 봄을 다 드러내 보이는 자가 견성이기 때문입니다. 거꾸로 뒤바뀐 눈은 빛이 있으면 보고, 빛이 없으면 못 본다고 합니다. 항상 주시하는 견성을 까맣게 잊어버린 우리들은 빛의 장난에 놀아납니다.

항상 듣고 항상 보는 견성을 체험해 보세요! 분명 견성은 누구나 있습니다. 견성은 우리들 마음까지도 다 드러내 보입니다. 견성을 감성으로 은밀히 느끼기만 해도 뒤바뀜이 아닌 것은 무엇이며 거꾸로 뒤바뀌져 있음이 무엇인가를 알 수 있습니다.

또 여러분의 몸으로 들어가 봅시다. 한번 자신의 볼이나 팔뚝을 꼬집어 보세요! 그러면 분명 아플 것입니다. 다시 꼬집은 손을 놓아 보세요. 아픔이 사라지면서 시원한 느낌이 들 것입니다. 이런 경우 뒤바뀐 중생심은 분명 아프고, 안 아픈 감각의 감상만을 가지고 아픔이 있다, 아픔이 없다고 합니다.

하지만 본묘각의 각성인 견성으로 돌아가 보면 아프고 안 아픈 감각적 이분법과는 아무 상관도 없이 항상 아프고 안 아픈 감상을 환히 깨닫고 있음을 느낄 수 있습니다.

또 귀로 돌아가 봅시다. 귀는 소리가 있으면 듣고 소리가 없으면 못 듣습니다. 이를 부처님은 동정動靜으로 표현하셨습니다. 소리는 본래로 움직이는 떨림이 있으면 소리가 생기고, 고요하면 적막해지기 때문입니다. 청각의 입장에서 보면 동정에 따라서 소리가 있고, 없습니다. 하지만 묘각의 각성인 견성으로 돌아가 보면 듣고 못 들음을 환히 다 드러내 보이는 자가 있습니다. 이것이 견성입니다. 동정의 청각을 드러내 보이는 견성이므로 소리가 있다 해서 그 견성이 있다거나 소리가 없다 해서 견성이 어디로 사라지는 일이 없습니다. 그러므로 듣고 못 들음을 항상 깨닫고 앎입니다.

이렇게 안眼·이耳·비鼻·설舌·신身·의意가 모두 본묘각의 각성의 빛인 견성의 거울에 비친 환영인 반연심인 줄을 깨달아야 합니다. 그래야만 부처님께서 가련히 여기시는 뒤바뀐 전도몽상에서 속히 해방될 수 있습니다. 그러므로 부처님께서 팔을 들거나 팔을 내리거나 그러한 모습을 보는 견성은 올리고 내림과는 아무런 상관도 없이 그냥 그대로 항상 거울처럼 그러한 모습을 환히 드러내 보일 뿐입니다.

그러나 중생들의 소견으로는 팔을 자연스럽게 내린 모습 그대로를 바로라 합니다. 그런데 만약 팔을 처들은 것을 보고 그것을 바로라고 한다면 한 번 더 잘못 보는 뒤바뀐 소견이라 하셨습니다. 그것은 본다, 못 본다 하는 소견도 본성을 망각한 뒤바뀐 생각이 되는데, 한 몸에 붙은 팔을 올렸다 내렸다 함을 보고서 바로(正)다 거꾸로(倒)다 한다면 이는 한 번 더 뒤바뀐 생각이 아닐 수 없습니다. 우리는 평범한 상식에서도 옳고 그름을 바로 알지 못하고 있으니, 안타까워서 하신 말씀입니다.

于時 阿難與諸大衆 瞪瞢瞻佛 目精不瞬 不知身心 顚倒所在。佛興慈悲 哀愍阿難 及諸大衆 發海潮音 遍告同會 諸善男子! 我常說言 色心諸緣 及心所使 諸所緣法 唯心所現。汝身汝心 皆是妙明 眞精妙心 中所現物 云何汝等 遺失本妙 圓妙明心 寶明妙性 認悟中迷 晦昧爲空 空晦暗中 結暗爲色 色雜妄想 想相爲身 聚緣內搖 趣外奔逸 昏擾擾相 以爲心性. 一迷爲心 決定惑爲 色身之內 不知色身 外洎山河 虛空大地 咸是妙明 眞心中物。譬如澄清 百千大海 棄之唯認 一浮漚體 目爲全潮 窮盡瀛渤。汝等卽是迷中倍人 如我垂手 等無差別 如來說爲 可憐愍者。

이때 아난과 대중들이 눈을 크게 뜨고 깜박이지도 않고 부처님을 자세히 우러러 보았으나 몸과 마음이 어디서 어떻게 뒤바뀐 것인지를 알 수가 없었습니다.

부처님께서는 아난과 대중들을 불쌍히 여기시어 바다의 조수와 같이 신선한 해조음으로 그 모임의 대중들에게 두루 말씀하셨습니다.

"선남자들아, 내가 항상 말하기를 물질과 마음의 모든 인연과 마음에 따른 생각들과, 모든 반연되는 현상들이 오로지 묘명한 각성의 성품 가운데 드러난 것이라고 하였다. 너희들의 몸과 마음이 모두 명묘하고 묘명한 각성의 빛 속에 드러난 것이건만, 너희들은 어찌하여 그 본래로 묘하게 두루 밝은 보배로운 각성의 밝은 성품을 잃어버리고 깨닫고 아는 미혹한 마음을 너인 줄 아느냐.

본래로 밝고 맑은 명묘한 묘각을 등진 마음이 어둠침침하여 허공이 되고, 어둑한 허공 가운데서 암울한 허공의 성품이 결집되어 물질의 색성이 되고, 암울한 색성이 망령된 망상과 복잡하게 섞여서는 생각할 줄 아는 형상을 지닌 이 몸이 되었느니라! 이렇게 이 몸이 허구망집으로 모여진 까닭에 안으로는 오장육부가 요동을 하고 밖으로는 온갖 것을 착취하려고 분주히 설치다 보니 신식身識이 어지러워 정신精神이 혼미하게 되었다. 이것을 중생들의 심성心性이라 한다.

한결같이 혼미昏迷한 이것을 심心이라 하고, 혼미하여 현란

한 이 혹심惑心이 결국 이 색신의 내부에 존재하게 되었다.

색신 밖으로 있는 저 허공과 산하대지가 모두 본래로 묘명妙明한 참된 묘각의 빛 속에서 드러난 허구임을 모르는구나. 비유하면 마치 맑고 깨끗한 백천의 큰 바다를 생각지 못하고, 저 큰 바다에서 일어난 뜬 거품 하나를 보고 저것이 바닷물 전체라 하면서 '나는 모든 바다를 다 알았다'고 하는 것과 같으니, 바로 너희들은 곧 우둔한 사람 가운데서도 배나 어두운 사람이라 아니 할 수 없느니라! 왜냐하면 내가 손을 들고 내렸을 때의 경우와 다를 것이 없기 때문이다. 비유하면, 바다는 여래의 몸이시고 팔을 올렸다 내렸다 함은 바다의 물거품과 하나도 다를 바가 없기 때문이다. 그래서 여래께서는 너희들을 참으로 가련하다고 하시느니라."

4. 환히 드러내 보이는 견성見性은 어디로 돌아갈 데가 없다

항상 있고 없음과 보고 못 봄을 두루 환히 다 드러내 보는 견성
見性이 어디로 여행을 다닐 수 있을까?

阿難承佛 悲救深誨 垂泣叉手 而白佛言 我雖承佛 如是妙
音 悟妙明心 元所圓滿 常住心地 而我悟佛 現說法音 現以
緣心 允所瞻仰 徒獲此心 未敢認爲 本元心地。願佛哀愍
宣示圓音 拔我疑根 歸無上道。

아난이 부처님의 자비로우신 깊은 가르침을 받고 감회의 눈
물을 흘리면서 합장하고 세존께 사뢰었습니다.

"제가 비록 부처님의 가르침을 받고 묘하고 밝은 각성이 원
래로 두루 원만한, 상주불멸의 마음자리임을 깨달았습니다만,
제가 현재 부처님께서 설법하시는 뜻을 깨달은 것은 견성으로
환히 드러낸 반연심을 살펴본 것뿐입니다. 이것은 오관을 통
하여 일어나는 마음을 터득한 것뿐입니다. 감히 마음자리의
본바탕인 묘각의 각성을 보았다고는 할 수 없습니다. 원컨대
부처님께서는 저희들을 불쌍히 여기시어 누구나 두루 깨달을

수 있는 원음으로 가르침을 베풀어 주소서. 그리하여 제 어리석은 의심의 뿌리를 영원히 뽑아 버리고 위없는 묘각의 길로 돌아가게 하소서."

佛告阿難 汝等尚以 緣心聽法 此法亦緣 非得法性 如人以 手指月示人 彼人因指 當應看月 若復觀指 以爲月體 此人 豈唯亡失月輪 亦亡其指! 何以故? 以所標指 爲明月故。 豈 唯亡指 亦復不識 明之與暗! 何以故? 卽以指體 爲月明性 明暗二性 無所了故 汝亦如是。 若以分別 我說法音 爲汝心 者 此心自應 離分別音 有分別性 譬如有客 寄宿旅亭 暫止 便去 終不常住 而掌亭人 都無所去 名爲亭主。 此亦如是 若眞汝心 則無所去 云何離聲 無分別性? 斯則豈唯 聲分別 心 分別我容 離諸色相 無分別性 如是乃至 分別都無 非色 非空。 拘舍離等 昧爲冥諦 離諸法緣 無分別性 則汝心性 各有所還 云何爲主?

부처님께서 말씀하셨습니다.

"아난아, 너희들이 마음의 자리인 묘각의 각성을 깨닫지 못하고 도리어 각성의 빛에 드러난 오감으로 반연한 마음을 가지고 법을 듣게 되므로 그 법도 또한 반연으로 생긴 마음이므로 묘각의 자리를 밝히는 참된 법의 말씀의 뜻을 파악할 수가 없다. 비유하면 마치 현명한 사람이 어리석은 사람에게 손가락으로 달을 가리켜 보이면 그 사람은 그 손가락을 통하여 저 공중에 떠 있는 달을 보아야 할 것인데, 도리어 그 사람이 지시하는 손가락을 보고 달이라고 한다면 그는 달만 못 본 것이 아니고 저 현명한 자의 손가락도 못 본 것이다. 사정이 이러한데 어찌 저 공중에 떠 있는 밝은 달을 볼 것이며, 또한 그 달의 밝음이 무엇이며 어둠이 무엇인지를 어찌 알겠느냐?

내가 아무리 너에게 묘각의 밝은 각성을 어림짐작이라도 하도록 지적해 주어도 네가 알지 못함은 현명한 자의 달을 가리키는 비유와 하나도 다를 바가 없다.

만약 내가 설법을 하는 음성을 듣고서 분별하는 너희의 식심을 네 마음이라고 한다면, 그 마음은 마땅히 분별하는 낱말의 소리를 듣지 않고도 분별하는 성품이 네 마음 가운데 있어야 할 것이다.

비유하면 흡사 나그네는 여관에서 하룻밤 기숙을 하고 나면 곧 그 여관을 떠나간다. 객은 항상 여정에서 머무는 것이 아니다. 하지만 여관집 주인은 어디에도 가는 데가 없다. 그래서 주인이라고 말한다. 네 마음은 그 나그네와 같다. 만일 분별하고 사유하는 그 마음이 객이 아니고 네 참마음이라 한다면 어디에도 가는 일이 없어야 할 것이다. 그런데 너희들의 마음은 어찌하여 말소리를 듣지 않으면 생각하고 분별하는 성품이 없느냐?

이것이 어찌 소리를 분별하는 경우뿐이겠느냐. 네가 내 얼굴을 분별하는 것도 색신인 내 형상을 보지 않으면 어떠한 분별심도 없는 것이다. 어떠한 마음도 분별심도 전부 실체가 없는 것이어서 마음은 색色도 아니요, 공空도 아니므로 저 외도 육사 중의 하나인 구사리들이 실체가 없는 이것을 모르고 자성自性이니 본성本性이니 하면서, 이를 구경의 명제冥諦라고 하느니라. 중생들의 마음은 모든 대상을 여의면 분별하는 성품이 없으니, 네 심성心性이라는 것은 각각 돌아가는 곳이 있는데 그것을 어떻게 네 주인공이라고 하겠느냐!"

阿難言 若我心性 各有所還 則如來說 妙明元心 云何無還?
惟垂哀愍 爲我宣說。

아난이 말하였습니다.

"만약 제 심성이 각각 돌아가는 바가 있다면 여래께서 말씀하시는 명묘하고 묘명한 원심元心이라 이름하는 근본 마음자리는 어찌하여 돌아가는 바가 없습니까? 제발 가엾이 여기시고 저를 위하여 설명하여 주소서."

佛告阿難 且汝見我 見精明元 此見雖非妙精明心 如第二月
非是月影。汝應諦聽 今當示汝 無所還地。阿難! 此大講堂
洞開東方 日輪昇天 則有明耀 中夜黑月 雲霧晦暝 則復昏
暗 戶牖之隙 則復見通 牆宇之間 則復觀壅 分別之處 則復
見緣 頑虛之中 遍是空性 鬱㘖之象 則紆昏塵 澄霽斂氛 又
觀清淨。阿難! 汝咸看此 諸變化相 吾今各還 本所因處。
云何本因? 阿難! 此諸變化 明還日輪 何以故? 無日不明
明因屬日 是故還日。暗還黑月 通還戶牖 壅還牆宇 緣還分
別 頑虛還空 鬱㘖還塵 清明還霽 則諸世間 一切所有 不出
斯類。汝見八種 見精明性 當欲誰還? 何以故? 若還於明
則不明時 無復見暗 雖明暗等 種種差別 見無差別。諸可還
者 自然非汝 不汝還者 非汝而誰? 則知汝心 本妙明淨 汝
自迷悶 喪本受輪 於生死中 常被漂溺 是故如來 名可憐愍!

부처님께서 말씀하셨습니다.

"아난아! 네가 나를 보는, 그 보는 정기의 근본 마음자리인 본원本元은 본래로 밝은 것이다. 이 밝게 드러내 보이는 견성은 비록 명묘하고 묘명한 본각本覺의 묘정명심妙精明心은 아니지만 물에 비친 두 번째의 달(第二月)과 같다. 하지만 그것은 달무리 같은 달의 그림자(月影)는 아닌 것이다. 너는 이제 자세히 들어보아라. 너에게 돌아갈 바 없는 마음의 밑자리를 보여

주리라.

아난아! 이 대강당 안에서 동쪽의 문을 활짝 열었을 때 해가 떠오르면 강당 안으로 빛이 밝게 비추고, 만일 달도 없는 밤에 운무까지 자욱하면 강당 안은 더욱 어두울 것이다. 창문의 틈으로는 통함을 보게 되고, 담장 벽 속에서는 막힘을 보고, 이것저것을 보고 분별하는 생각이 일어나는 곳에서는 반드시 반연되는 대상의 사물이 있다. 그래서 허공을 보면 온통 텅 빈 공허감이 생기고, 흙비는 탁한 티끌이 섞인 것을 보고, 하늘이 맑게 개면 청명함을 본다.

아난아! 네가 이러한 모든 자연의 조화를 보는데, 내가 이제 그것들을 본래 있었던 자리로 돌아가게 하리라.

무엇을 본래 있었던 자리라 하는가? 이 모든 자연의 조화가 다 원인이 있는 법이다. 그래서 밝은 것은 해로 돌아가고, 해가 없으면 밝을 수가 없다. 그것이 밝은 까닭은 해의 빛에 속한 것이기 때문이다. 그러므로 밝음은 해로 돌아간다.

어둠은 그믐밤으로 돌아가고, 통함은 창문으로 돌아가고, 막힘은 담장의 벽으로 돌아가고, 분별하는 식심은 사물의 대상으로 돌아가고, 허공은 빈 것으로 돌아가고, 흙비는 흙먼지로 돌아가고, 청명함은 개인 허공으로 돌아간다. 이와 같이 세간의 모든 것들이 다 이러한 이치에서 벗어나지 않는다!

네가 이제 여덟 가지 사례를 보았는데, 네가 보는 그 정기의 밝은 성품은 어디로 돌아가겠느냐? 만약 밝은 데로 돌아간다면, 밝음이 없을 때는 네 눈은 그 어둠을 볼 수 없어야 할 것이다. 비록 밝음과 어둠 같은 현상은 갖가지로 다를 수 있지만, 밝고 어둠을 동시에 다 보는 성품에 있어서는 밝다 어둡다 하는 차별이 없다. 모든 조건들은 돌아갈 곳이 있다. 즉 있다 없다, 밝다 어둡다 하는 사물의 네 가지 조건들이지만, 너에게서 돌아가려야 갈 곳이 없는 것은 바로 네가 보고 아는 밝은 성품이 아니고 무엇이겠느냐?

그러므로 똑똑히 알아야 한다. 네 마음의 본 밑바탕은 본래로 어디로 가려야 갈 곳이 없는 묘각의 각성覺性이 묘하게 밝아 더 없이 깨끗하건만, 네가 스스로 그 각성을 깨닫지 못하고 네 마음의 근본 뿌리인 각성을 상실하고 생멸하는 마음에 빠져서 나고 죽는 생사계에 떴다 가라앉았다 하면서 끊임없이 윤회하는 것이니, 이런 너희들의 형편을 여래가 참으로 딱하다고 하는 것이니라."

5. 견見은 혼란하지 않다

阿難言 我雖識此 見性無還 云何得知 是我眞性?
아난언 아수식차 견성무환 운하득지 시아진성

아난이 말하였습니다.

"제가 비록 보는 성품은 돌아감이 없다는 것을 알겠사오나 그것이 제 참된 성품인 것을 어떻게 알겠습니까?"

佛告阿難 吾今問汝 今汝未得 無漏淸淨 承佛神力 見於初
불고아난 오금문여 금여미득 무루청정 승불신력 견어초
禪 得無障礙 而阿那律 見閻浮提 如觀掌中 菴摩羅果。諸
선 득무장애 이아나율 견염부제 여관장중 암마라과 제
菩薩等 見百千界 十方如來 窮盡微塵 淸淨國土 無所不矚
보살등 견백천계 시방여래 궁진미진 청정국토 무소불촉
衆生洞視 不過分寸。阿難! 且吾與汝 觀四天王 所住宮殿
중생동시 불과분촌 아난 차오여여 관사천왕 소주궁전
中間遍覽 水陸空行 雖有昏明 種種形像 無非前塵 分別留
중간편람 수륙공행 수유혼명 종종형상 무비전진 분별류
礙 汝應於此 分別自他。今吾將汝 擇於見中 誰是我體? 誰
애 여응어차 분별자타 금오장여 택어견중 수시아체 수
爲物象?
위물상

"아난아! 내가 네게 묻겠다. 이제 네가 어디로 돌아가려야 갈 곳이 없는 청정한 각성은 얻지 못했으나, 부처님의 가피력으로 의식의 세계 초선천初禪天을 보는 것쯤은 걸림이 없었다.

천안제일 아나율은 육감의 세계 염부제를 보되, 마치 사과과에 속하는 암마라 열매를 손안에 놓고 보는 것과 같이 하고, 저 보살들은 백천의 삼천대천세계를 본다.

하지만 여래는 시방의 작은 티끌같이 많은 청정한 제불국토를 못 보는 데가 없으시다. 그런데 중생들은 밝게 본다는 것이 겨우 푼(分), 치(寸)에 지나지 못한다.

아난아, 내가 너와 더불어 사천왕의 궁전에 간 일이 있었다. 그때 너도 보았을 것이다. 지구 안에 있는 물과 육지, 그리고 허공에 무수히 떠 있는 천체들도 두루 보았을 것이다.

그 모든 것들이 비록 어둡고 밝고, 갖가지의 모양이었지만 모두 앞에 드러난 것들을 네가 보고 생각으로 분별한 것은 아니다.

너는 여기서 분명히 자自와 타他를 구별해야 한다. 그때 내가 너를 데리고 사천왕궁에서 보는 것 가운데서 어느 것이 나이고 어느 것이 남인가를 가리어라."

阿難! 極汝見源 從日月宮 是物非汝 至七金山 周遍諦觀 雖
아 난 극 여 견 원 종 일 월 궁 시 물 비 여 지 칠 금 산 주 변 체 관 수
種種光 亦物非汝 漸漸更觀 雲騰鳥飛 風動塵起 樹木山川
종 종 광 역 물 비 여 점 점 갱 관 운 등 조 비 풍 동 진 기 수 목 산 천
草芥人畜 咸物非汝。
초 개 인 축 함 물 비 여

"아난아! 네 그 보는 시각의 근원을 철저히 살펴보자. 해와

달까지도 모두 물질이요 너는 아니며, 칠금산에 이르도록 두루 본 그것이 비록 갖가지로 빛나는 광경이었지만 역시 물건일 뿐 너는 아니다.

허공 가운데 구름이 오르고 새가 날고 바람이 요동을 하고 먼지가 이는 것들과 나무, 산, 내, 풀, 사람, 축생, 이런 것들이 모두 물건이요, 너는 아니다."

阿難! 是諸近遠 諸有物性 雖復差殊 同汝見精 淸淨所矚
則諸物類 自有差別 見性無殊 此精妙明 誠汝見性。若見是
物 則汝亦可 見吾之見 若同見者 名爲見吾 吾不見時 何不
見吾 不見之處? 若見不見 自然非彼 不見之相 若不見吾
不見之地 自然非物 云何非汝?

"아난아! 저 먼 곳, 가까운 곳에 있는 모든 것들이 비록 여러 가지로 다양하지만, 한결같이 네 청정한 식정의 보는 정기(見精)로 보는 것이니, 그 모든 것들이 저마다 다를지언정 너의 보는 성품에는 다른 것이 아무것도 없다. 이렇게 묘하고 밝은 정기가 진실로 너의 보는 성품이다.

만약 보는 성품이 저 물질과 같은 것이라면, 너는 내가 보는 성품을 물건처럼 보아야 할 것이다.

만약 모두 함께 보는 사실을 가지고 남이 보는 성품이 내가 보는 것과 같다고 생각한다면 스스로 보지 않을 때는 어찌하여 내가 보지 않는 성품을 네가 보지를 못하느냐?

만약 보지 않는 성품을 본다면 스스로 네가 그것은 볼 수 없는 것이 아니냐? 만약 내가 보지 않는 곳을 보지 못한다면 자연히 그것은 물질이 아닌데, 어찌 네가 그것을 보고 알겠느냐?"

[주해]

만약 보는 성품이 물질이라면 물질은 가시적可視的인 것이니 네가 나(부처님)의 보는 성품도 보아야 할 것이다.

그리고 만약 함께 보는 것을 가지고 나의 보는 성품을 보는 것이라고 한다면 그것은 네가 나의 보는 성품이, 너와 함께 보는 그 대경對境에 있다는 말이 된다. 그렇다면 내가 보지 않을 때는 나의 보는 성품이 어디로 갔다는 것이냐? 만약 어디로 간 것이 아니고 여전히 있는 것이라면 너는 역시 그것을 볼 수 있어야 하지 않겠느냐. 그런데 왜 보지 못하느냐.

만약 내가 보지 않을 때도 네가 나의 보는 성품을 보았다면 그것은 나의 보는 성품이라는 것이 볼 수 없는 성질의 것이 아니라, 역시 볼 수 있는 물질에 불과하다는 이야기가 된다. 그러니 만약 내가 보지 않는 자리, 즉 나의 보는 성품도 보지 못한다면 그것은

> 말할 것도 없이 물질이 아니기 때문이다. 너의 보는 성품도 마찬가지여서 그것은 상대적인 경계로서의 물질이 아닌데, 그것이 어찌 네 자성自性이 아니겠느냐.

又則汝今 見物之時 汝旣見物 物亦見汝 體性紛雜 則汝與
우즉여금 견물지시 여기견물 물역견여 체성분잡 즉여여
我 幷諸世間 不成安立。阿難! 若汝見時 是汝非我 見性周
아 병제세간 불성안립 아난 약여견시 시여비아 견성주
遍 非汝而誰? 云何自疑 汝之眞性 性汝不眞 取我求實。
편 비여이수 운하자의 여지진성 성여부진 취아구실

"또 네가 물건을 볼 때 너의 보는 성품을 물건으로도 본다면 그것은 너의 보는 성품이 같은 물질로 된 물건일 경우에나 가능하다. 그런데 만약 그렇게 된다면 정신으로만 존재하는 너의 보는 성품의 체성體性과 무감각하고 의식이 없는 물질의 체성이 뒤섞이어서 너도, 나도, 세간의 모든 것들까지도 뒤죽박죽이 될 것이다. 그런데 어떻게 그 모든 것이 따로 따로 개체성과 개별성을 가질 수가 있겠느냐?

아난아, 네가 볼 때, 그것은 너의 보는 것이요, 나의 보는 것이 아니다. 너의 보는 성품이 온갖 물건에 두루 있을 것이니, 너의 참성품이 아니고 무엇이겠느냐? 그러하거늘 어찌 너의 참성품이 참되지 못하리라 의심하여 내게 참되고 참되지 않음을 따지려 하느냐?"

6. 견見은 걸림이 없다

"있고 없고 보고 못 보고를 다 드러내 보이는 견성은 어디에도 걸림이 있을 수 없다."

阿難白佛言 世尊! 若此見性 必我非餘 我與如來 觀四天王
勝藏寶殿 居日月宮 此見周圓 遍娑婆國 退歸精舍 只見伽
藍 淸心戶堂 但瞻簷廡. 世尊! 此見如是 其體本來 周遍一
界 今在室中 唯滿一室 爲復此見 縮大爲小 爲當牆宇 夾令
斷絶? 我今不知 斯義所在 願垂弘慈 爲我敷演.

아난이 부처님께 사뢰었습니다.

"세존이시여, 만약 이 보는 성품이 반드시 나 자신이요, 다른 무엇도 아니라면, 제가 한때 부처님과 함께 사천왕궁에 갔을 때에 제가 천왕궁에 있는 보배로 장엄한 승장보전勝藏寶殿도 보고, 일월궁日月宮을 보고, 또 이 보는 성품으로 사바세계도 두루 다 보았습니다.

지금 여기 정사精舍에 돌아와서는 다만 사찰인 가람伽藍만 보이고, 부처님이 마음을 밝히고 있는 이 자리 방안에서는 다만 처마만 보입니다.

 세존이시여, 이 보는 성품이 막히고 트임의 여하에 따라서 각별합니다. 그렇다면 제 보는 성품의 체성이 본래 한 세계에 두루하던 것이 지금 방안에 있어서는 한 방에만 가득 찰 뿐입니다. 그렇다면 이 보는 성품이 본디 큰 것이 좁은 방에서는 축소된 것입니까? 벽과 지붕에 보는 성품이 막혀서 끊어진 것입니까? 도무지 이 이치를 모르겠습니다. 원컨대 세존이시여, 큰 자비로 제게 깨우침을 주소서."

佛告阿難 一切世間 大小內外 諸所事業 各屬前塵 不應說言 見有舒縮。譬如方器 中見方空 吾復問汝 此方器中 所見方空 爲復定方? 爲不定方? 若定方者 別安圓器 空應不圓 若不定者 在方器中 應無方空。汝言不知 斯義所在 義性如是 云何爲在?

 부처님께서 말씀하셨습니다.

 "아난아! 온 세상의 모든 존재가 그것이 크든 작든 안쪽이든 바깥쪽이든 일체 모든 현상은 각별하고 다양하다. 그렇지만 그것들은 다 물질에 속한 것이다. 그러나 보는 성품에 있어서는 그것이 늘거나 줄어듦이 있을 수가 없다. 그러므로 보는 성품인 견성에 무슨 증감이 있으리라고 생각이나 말을 하지 말이라. 비유하면 마치 모난 그릇 속에서는 모난 허공을 보는 것과 같다.

다시 네게 묻겠다. 이 모난 그릇 속에서 보는 모난 허공이 불변하는 고정된 모난 허공이겠느냐? 모가 날 수 없는 모난 허공이겠느냐? 만약 그 모난 허공이 고정된 허공이라면 둥근 그릇 속에 담아도 허공이 둥글지 않아야 할 것이다. 만약 그 허공이 고정된 것이 아니라면 모난 그릇 속에서도 그 허공은 반드시 모난 것이 아닐 수도 있는 것이다. 네가 이 이치를 모르겠다고 할 수 있겠느냐? 진실로 이치가 이런 것이라면, 너는 어떻게 생각해야 옳겠느냐?"

阿難! 若復欲令 入無方圓 但除器方 空體無方 不應說言
更除虛空 方相所在。若如汝問 入室之時 縮見令小 仰觀日
時 汝豈挽見 齊於日面? 若築牆宇 能夾見斷 穿爲小竇 寧
無續跡 是義不然。一切衆生 從無始來 迷己爲物 失於本心
爲物所轉 故於是中 觀大觀小 若能轉物 則同如來 身心圓
明 不動道場 於一毛端 遍能含受 十方國土。

"아난아, 만약 모나고 둥근 것이 없는 본디 허공상태로 돌아가고자 하면, 모나든 둥글든 그 그릇만 치우면 되지 않겠느냐. 허공 그 자체는 둥글고 모남이 본래 없으니 공연히 모난 허공을 없애야 한다고 말할 수는 없는 것이다.

　만약 네가 물은 바와 같이 방에 들어갔을 때는 보는 성품이 축소되어 작게 보는 것이라면, 해를 우러러볼 때는 보는 그 성품을 늘려서 저 먼 해에 닿게 한 것이겠느냐? 만일 담과 벽과 지붕이 막혀서 보는 성품이 끊어졌다면, 작은 구멍을 뚫어서 볼 때는 어째서 보는 성품에 매듭을 지어 이은 자리가 없느냐? 너의 보는 정기의 성품이 전연 그렇지가 않다.

　일체 중생이 시초가 없는 과거로부터 자기라고 하는 자성을 물질과 동일시하는 나쁜 인식으로 말미암아 본심本心인 묘각성妙覺性을 잃었다. 이로 말미암아 물질에 지배되어서 저 만상을 크게도 보고 작게도 보지만, 만약 보는 성품이 시방세계를 두루 드러내 보이고 있는 묘각성으로 돌아가게 되면, 여래와 같이 몸과 마음이 두루 원만하게 밝은 묘각성이 되어서 지금 이 도량에 앉아서 조금도 움직이지 않은 채 한 터럭끝으로도 충분히 시방세계의 모든 국토를 다 받아들일 수 있느니라. 왜냐하면 무변 허공계가 다 묘각성의 빛 속에 티끌처럼 드러나 있기 때문이니라."

7. 견見은 분석할 수 없다

"환히 다 드러내 보이는 견성見性은 있고 없을 것이 다 없어지고 다 없어진 그것까지도 다 소멸해 버린 청정 그 자체이기 때문에 견성은 전연 분석이 불가능합니다."

阿難白佛言 世尊! 若此見精 必我妙性 令此妙性 現在我前
見必我眞 我今身心 復是何物? 而今身心 分別有實 彼見無
別 分辨我身。若實我心 令我今見 見性實我 而身非我 何
殊如來 先所難言 物能見我。惟垂大慈 開發未悟。

아난이 부처님께 사뢰었습니다.

"세존이시여, 만약 이 보는 정기가 나의 묘각성妙覺性이라면, 이 묘각성이 지금 제 앞에 있습니다. 이 보는 성품이 저의 참 성품이라면, 이 몸과 마음은 도대체 무엇입니까? 지금 이 몸과 마음은 현실의 정황을 분별하는 실재가 있지만, 저 보는 성품은 내 몸과 마음을 이리저리 분별함이 없습니다.

만약 이러한 것이 실로 저의 묘각성이어서 저로 하여금 보게 하는 것이라면, 그 보는 성품이 실로 나일 것입니다. 그러면, 이 몸뚱이는 내가 아닐 것입니다. 예전에 여래께서 말씀하시기를 '물질이 충분히 너를 보리'라고 하신 말씀과 무엇이 다릅니까? 원컨대 큰 자비로 모르는 것을 깨우쳐 주소서."

佛告阿難 今汝所言 見在汝前 是義非實。若實汝前 汝實見者 則此見精 旣有方所 非無指示 且今與汝 坐祇陀林 遍觀林渠 及與殿堂 上至日月 前對恒河 汝今於我 師子座前 擧手指陳 是種種相 陰者是林 明者是日 礙者是壁 通者是空 如是乃至 草樹纖毫 大小雖殊 但可有形 無不指著。

부처님께서 말씀하셨습니다.

"아난아! 지금 네가 말하기를, 보는 정기가 네 앞에 있다고 하니 그 말은 옳지 않다. 만약 참으로 네 앞에 보는 정기가 있어서 네가 그 보는 정기로 본다면 이 보는 정기가 있는 방소가 있을 것이다. 만약 있다면 네가 그 있는 곳을 가리키지 못할 리가 없으리라.

지금 너와 내가 함께 기타림에 앉아서 주변의 숲과 개천과 여러 전당을 보고, 위로는 일월을 보고 앞에는 항하를 마주하였으니, 네가 지금 내 사자좌 앞에서 손으로 보는 정기를 가리켜 보아라. 저 주변의 여러 가지 모양이 있다. 그늘진 곳은 숲 속이요, 밝은 것은 중천에 떠 있는 해요, 막힌 것은 벽이요,

통한 것은 허공이니, 이와 같이 초목과 심지어 가는 실오라기 하나까지라도 크고 작은 것이 각각 모양은 다르나 형체만 있으면 네가 가리키지 못할 것이 없느니라."

若必有見 現在汝前 汝應以手 確實指陳 何者是見? 阿難!
약필유견 현재여전 여응이수 확실지진 하자시견 아난
當知 若空是見 旣已成見 何者是空? 若物是見 旣已是見
당지 약공시견 기이성견 하자시공 약물시견 기이시견
何者爲物? 汝可微細 披剝萬象 析出精明 淨妙見元 指陳示
하자위물 여가미세 피박만상 석출정명 정묘견원 지진시
我 同彼諸物 分明無惑。
아 동피제물 분명무혹

"그 보는 정기가 반드시 네 앞에 있다면 네가 당연히 손으로 가리킬 수가 있고, 어느 것이 보는 성품이라고 지적할 수가 있다.

　아난아! 마땅히 알아라. 만약 보는 성품이 허공을 본다면 그 보는 성품이 벌써 허공이 되어 버렸을 것이다. 네가 한번 분석을 해 보아라! 어느 것을 보는 정기라 하고 허공이라고 할 것이냐? 만약 어느 물체를 보는 성품이라고 한다면 보는 물건 그 자체가 이미 보는 성품이 되어 버릴 것이다. 그러면 어느 것이 보는 정기이며, 보는 물건이냐? 너는 이 삼라만상을 미세하게 분석하여 보아라! 정명精明하고 정묘淨妙한, 보는 견성의 근본 뿌리를 끌어내어서 내게 보이되, 저 모든 물건들처럼 분명하게 제시해 보아라."

阿難言 我今於此 重閣講堂 遠洎恒河 上觀日月 擧手所指
縱目所觀 指皆是物 無是見者。世尊! 如佛所說 況我有漏
初學聲聞 乃至菩薩 亦不能於 萬物象前 剖出精見 離一切
物 別有自性。

아난이 말하였습니다.

"제가 이제 이 중각강당重閣講堂에서 멀리 항하를 바라보고 위로 일월을 보는데, 손으로 가리키고 눈으로 보는 것은 모두 물상이고, 보는 성품이라고 할 수 있는 것이 없습니다.

세존이시여, 부처님 말씀대로 저는 번뇌가 남아 있는 초학初學의 성문이니 말할 것도 없겠습니다. 설사 보살이라고 하더라도 역시 이 보는 물상에서 물질을 제외하고 따로 본다는 자성을 지닌 보는 정기를 찾아낸다는 것은 불가능할 것입니다."

佛言 如是 如是! 佛復告阿難 如汝所言 無有精見 離一切
物 別有自性。則汝所指 是物之中 無是見者。今復告汝 汝
與如來 坐祇陀林 更觀林苑 乃至日月 種種象殊 必無見精
受汝所指 汝又發明 此諸物中 何者非見?

부처님께서 "그렇다."고 하시고 또 말씀하셨습니다.

"아난아! 네 말대로 보는 정기가 모든 물상을 제외하고는 따로 제 성품이 없다면 네가 가리킨 이 모든 물상 속에는 보는 성품이 없어야 할 것이다.

　다시 물어 보겠다. 네가 여래와 함께 기타림에 앉아서 숲과 동산과 해와 달 등 갖가지 형태가 다른 물상을 보는데, 반드시 네가 보는 정기라고 하는 것을 가리킬 만한 것이 없다면, 다시 잘 살펴보아라. 이 모든 물상 중에서 어느 것이 보는 성품이 아니냐?"

阿難言 我實遍見 此祇陀林 不知是中 何者非見。何以故?
아 난 언　아 실 편 견　차 기 타 림　부 지 시 중　하 자 비 견　하 이 고
若樹非見 云何見樹? 若樹卽見 復云何樹? 如是乃至 若空
약 수 비 견　운 하 견 수　약 수 즉 견　부 운 하 수　여 시 내 지　약 공
非見 云何爲空? 若空卽見 復云何空? 我又思惟 是萬象中
비 견　운 하 위 공　약 공 즉 견　부 운 하 공　아 우 사 유　시 만 상 중
微細發明 無非見者。
미 세 발 명　무 비 견 자

　아난이 말하였습니다.

　"제가 이 기타림을 두루 봅니다만 어느 것이 보는 성품이 아닌지 잘 모르겠습니다. 왜냐하면 만약 나무가 보는 놈이 아니라면 어떻게 나무를 보며, 만약 나무가 곧 보는 놈이라면 어느 것을 나무라 하겠습니까? 이와 같이 저 허공까지도 그것을 보는 성품이 아니라면 어떻게 허공을 보며, 그것이 보는 성품이라면 무엇을 허공이라 하겠습니까? 제가 다시 생각해 보니 이 삼라만상을, 미세하게 들여다보면 보는 성품이 아닌 것이

없습니다."

佛言 如是 如是! 於是大衆 非無學者 聞佛此言 茫然不知
불언 여시 여시   어시대중 비무학자 문불차언 망연부지
是義終始 一時惶悚 失其所守。
시의종시 일시황송 실기소수

부처님께서 "그렇다."고 쾌히 대답하셨습니다.

이때에 대중 가운데서 무학의 경지에 이르지 못하여 아직도 의심의 허물을 벗지 못한 학인들은 부처님의 이 말씀을 듣고 오히려 마음이 아득하여 갈피를 잡지 못했습니다. 부처님과 아난이 주고받는 대화의 내용에서 삼라만상이 보는 성품이 아닌 것이 하나도 없다는 의미가 도무지 무엇을 뜻하는 말씀인 줄을 알지 못하여 한동안 어리둥절해 있었습니다.

如來知其 魂慮變慴 心生憐愍 安慰阿難 及諸大衆 諸善男
여래지기 혼려변습 심생연민 안위아난 급제대중 제선남
子! 無上法王 是眞實語 如所如說 不誑不妄 非末伽梨 四
자 무상법왕 시진실어 여소여설 불광불망 비말가리 사
種不死 矯亂論議。汝諦思惟 無忝哀慕。
종불사 교란논의   여체사유 무첨애모

여래께서 저들이 혼란스러워하는 괴로운 심정을 아시고 측은한 마음으로 그들을 위로하셨습니다.

"세상에 대한 엄청난 미련을 버리고 떠나온 선남자들아, 가장 높은 법왕法王은 진실하게 말하고 항상 실재와 같이 여여如

如하게 말씀하시느니라. 그러므로 속임이 없고 허망함이 없다. 저 외도 말가리들이 죽지 않으려고 하는 네 가지로 교란矯亂하는 난삽한 논리와 같은 것은 아니니라. 너희들은 자세히 잘 생각해 보아라. 쓸데없이 고민을 하지는 말아라."

是時 文殊師利法王子 愍諸四衆 在大衆中 卽從座起 頂禮
佛足 合掌恭敬 而白佛言 世尊! 此諸大衆 不悟如來 發明
二種 精見色空 是非是義。世尊! 若此前緣 色空等象 若是
見者 應有所指 若非見者 應無所矚 而今不知 是義所歸 故
有驚怖 非是疇昔 善根輕尠。唯願如來 大慈發明 此諸物象
與此見精 元是何物? 於其中間 無是非是。

이때 문수사리 법왕자가 사부대중의 무리들을 가엾이 여기시고 대중 가운데서 일어나 부처님께 절하고 합장하고 사뢰었습니다.

"세존이시여, 이 대중들이 여래께서 말씀하신, 보는 성품인 정기와 물질과 공空에 대하여 이것인지 이것이 아닌지 두 가지 뜻을 분간하지 못하고 있습니다.

세존이시여, 만약 이 앞에 있는 물질과 허공 등이 보는 성품이라면 가리킬 수 있어야 할 것입니다. 만약 보는 성품이 아니라면 볼 수도 없어야 할 것인데, 도무지 이 뜻이 어떻게 되는지를 모르므로 놀라워하는 것입니다. 저들은 예전부터의 선 (善根)이 적어서 모르는 것이 아닙니다.

원컨대 세존이시여, 큰 자비로써 이 모든 물상과 보는 정기와의 관계가 원래 어떤 것인지 그 이치를 밝혀 주십시오. 그리하여 허공과 물질 그 중간에 보는 성품이 물질인가 물질이 아닌가 하는 의심이 없도록 하여 주소서."

佛告文殊 及諸大衆 十方如來 及大菩薩 於其自住 三摩地
불고문수 급제대중 시방여래 급대보살 어기자주 삼마지
中 見與見緣 幷所想相 如虛空華 本無所有。此見及緣 元
중 견여견연 병소상상 여허공화 본무소유 차견급연 원
是菩提 妙淨明體 云何於中 有是非是? 文殊! 吾今問汝 如
시보리 묘정명체 운하어중 유시비시 문수 오금문여 여
汝文殊 更有文殊 是文殊者 爲無文殊?
여문수 갱유문수 시문수자 위무문수

부처님께서 문수와 대중들에게 말씀하셨습니다.

"시방의 여래와 모든 대보살들이 그 스스로 머무는 삼마지의 경계인 환히 드러내 보이는 묘각의 각성 가운데에서는, 보는 성품과 보는 대상과 생각하는 이 모든 것이 마치 허공 가운데 일어났다 소멸하는 헛꽃(虛空華)과 같아서 본디 있는 것이 아니다. 이 보는 성품과 보는 대상이 모두 본래로 묘하고 청정하고 묘각의 밝은 본체인데 어떻게 청정한 그 묘각 가운데서 이것이니 저것이니, 이것도 저것도 아니니 하는 말장난 같은 희론이 있겠느냐. 하지만 문수여! 내가 이제 그대에게 묻겠다. 그대가 문수인데 다시 이것이 곧 문수라고 할 그러한 문수가 따로 또 있겠는가, 없겠는가?"

如是 世尊! 我眞文殊 無是文殊。何以故? 若有是者 則二
여시 세존   아진문수 무시문수   하이고   약유시자 즉이
文殊 然我今日 非無文殊 於中實無 是非二相。
문수 연아금일 비무문수 어중실무 시비이상

"그렇습니다, 세존이시여. 제가 진짜 문수이므로 이것이 문수라고 할 또 다른 문수는 있을 수 없습니다.
만약 그런 문수가 따로 또 있다면 두 개의 문수가 됩니다. 그래서 저는 오늘 이렇게 독립된 문수로 존재합니다. 이 문수 가운데서 실로 이것이니 저것이니 할 문수가 없습니다."

佛言 此見妙明 與諸空塵 亦復如是! 本是妙明 無上菩提
불언 차견묘명 여제공진 역부여시 본시묘명 무상보리
淨圓眞心 妄爲色空 及與聞見。如第二月 誰爲是月? 又誰
정원진심 망위색공 급여문견 여제이월 수위시월   우수
非月? 文殊! 但一月眞 中間自無 是月非月。是以 汝今觀
비월 문수 단일월진 중간자무 시월비월   시이 여금관
見與塵 種種發明 名爲妄想 不能於中 出是非是 由是眞精
견여진 종종발명 명위망상 불능어중 출시비시 유시진정
妙覺明性 故能令汝 出指非指。
묘각명성 고능금여 출지비지

부처님께서 말씀하셨습니다.
"이 밝게 환히 다 드러내 보이는 묘명한 견성과 저 허공과 물질도 그 근본은 역시 같은 묘하게 밝은 성품이다. 본래로

묘하게 밝은 그 성품은 묘명한 각성으로서 더 이상 없는 깨달음인 보리이다. 무상보리는 본시 청정하고 두루 원만한 묘각의 각성인데 이것이 실체가 없는 허공과 같은 공空도 되고 물질도 되고 또한 보고 듣고 깨닫고 아는 성품도 되었다. 마치 물에 비친 두 번째 달과 같다. 참달의 그림자로 생긴 두 번째 달 제이월의 경우와 같다. 허공에 떠 있는 달은 참달이고 물에 비친 달은 참달이 아니라고 할 수 없는 것과 같다. 저 빛나는 묘각의 그림자로 생긴 허공과 세계와 중생심도 그와 같아서 두 번째 달의 경우와 똑같은 이것을 가지고 어떻게 참과 거짓을 가리겠느냐.

문수여! 하지만 한 개의 달만은 참된 것이다. 참된 달 거기에는 옳은 달과 옳지 않은 달이 없다. 그러므로 그대가 지금 보는 성품과 물질을 가지고, 여러 가지로 헤아리는 식심분별은 모두 망상이라는 것이다. 이런 식심분별의 망상을 가지고 이것이 옳으니 저것은 옳지 않으니 한다면 끝내 망상에서 벗어날 도리가 없다.

만일 이 참된 정기의 묘하고 밝은 각성을 깨달으면 '가리킬 수 있다, 가리킬 수 없다' 하는 데서 뛰어나리라."

8. 견見은 사량思量 분별을 초월한 것

"견성見性은 사량 분별과 있고 없고 알고 모름을 다 환히 드러내 보이는 각성이다."

阿難白佛言 世尊! 誠如法王所說 覺緣遍十方界 湛然常住 性非生滅 與先梵志 娑毗迦羅 所談冥諦 及投灰等 諸外道種 說有眞我 遍滿十方 有何差別? 世尊亦曾 於楞伽山 爲大慧 等 敷演斯義 彼外道等 常說自然 我說因緣 非彼境界。我今 觀此 覺性自然 非生非滅 遠離一切 虛妄顚倒 似非因緣 與 彼自然。云何開示 不入群邪 獲眞實心 妙覺明性?

아난이 부처님께 사뢰었습니다.

"세존이시여, 진실로 법왕의 말씀과 같습니다. 명묘한 묘각의 인연(覺緣)으로 말미암아 저 무변 허공계와 시방세계가 환히 드러났습니다. 묘각의 빛인 각성은 시방세계를 먹었다 토했다 하지만, 각성은 시방세계에 두루 가득하게 항상 그대로 머물러 있을 뿐 본래로 일어나거나 멸하지 않는다고 하셨습니다. 그렇다면 옛날부터 전해 오는 사비가라 범지들이 색이 공이요, 공이 색의 본체라고 말하는 아득한 뜻인 명제冥諦나, 몸을 혹사하는 고행을 지극한 도로 삼는 투회投灰 외도들이 말하는 '참나(眞我)가 시방에 두루 가득하다는 범아일여梵我一如'와는 어떻게 다릅니까?"

세존께서도 전에 능가산에서 대혜大慧보살 등 대중에게 그 이치를 말씀하신 일이 있었습니다. '깨끗한 행을 닦는다는 범지梵志들은 항상 스스로 존재한다는 뜻에서 자연自然이라고 하지만, 내가 말하는 만법은 상대적인 관계로 생멸하는 인연이어서 저들이 말하는 스스로 존재한다는 사상의 자연이라 말하는 차원이 아니다'라고 말씀하셨습니다.

제가 지금 생각해 보니 깨닫는 성품(覺性)은 스스로 그렇게 존재하는 자연이어서 생하는 것도 아니요 멸하는 것도 아니며, 온갖 허망과 뒤바뀐 생각을 멀리 여읜 것이어서, 원인의 관계로 일어나는 인연이 아닌 듯도 합니다. 저 외도들이 말하는 스스로 존재한다는 자연사상과 부처님이 말씀하신 인연을 어떻게 이해해야만 잘못 보는 사견邪見에 빠지지 않고 진실한 마음, 묘하게 깨닫는 밝은 성품을 얻을 수 있겠습니까?"

佛告阿難 我今如是 開示方便 眞實告汝 汝猶未悟 惑爲自
불 고 아 난   아 금 여 시   개 시 방 편   진 실 고 여   여 유 미 오   혹 위 자
然。阿難! 若必自然 自須甄明 有自然體。汝且觀此 妙明
연   아 난   약 필 자 연   자 수 견 명   유 자 연 체   여 차 관 차   묘 명

見中 以何爲自？ 此見爲復 以明爲自 以暗爲自？ 以空爲
自？ 以塞爲自？ 阿難！ 若明爲自 應不見暗 若復以空 爲自
體者 應不見塞 如是乃至 諸暗等相 以爲自者 則於明時 見
性斷滅 云何見明？

부처님께서 말씀하셨습니다.

"아난아! 내가 그만큼 여러 가지 비유를 들어 방편으로 진실을 말하였건만 네가 아직도 모르고 자연이라고 하는구나. 아난아! 만일 자연이라면 '스스로'라고 말하는 자自는 분명히 어떤 형체가 있어야 할 것이다.

너는 보고 못 보고, 어둡고 밝고를 두루 묘하게 환히 드러내 보이는 견성 중에서 무엇을 자自라고 하겠느냐? 밝게 보는 성품이 밝게 본다고 해서 그 밝음을 자自라고 할 것이냐, 어둠을 볼 때는 어둠을 가지고 자自라고 할 것이냐? 텅 빈 허공을 볼 때는 공空을 가지고 자自라고 할 것이냐, 콱 막힘을 볼 때는 막힘을 가지고 자自라고 할 작정이냐?

아난아! 만약 밝음으로써 자自라고 한다면 어둠을 영원히 보지 못할 것이고, 텅 빈 공空을 가지고 자自라고 한다면 막힘을 영원히 보지 못할 것이다. 이러한 양면성을 가진 밝고 어둠과 통하고 막힘 등속을 가지고 자自라고 한다면 어둠을 보다가 밝을 때는 보는 성품이 뚝 끊어져서 영원히 보는 성품이 단멸할 것이다. 그렇게 되면 네가 어떻게 다시 저 밝음을 보겠느냐?"

阿難言 必此妙見 性非自然 我今發明 是因緣性 心猶未明
아난언 필차묘견 성비자연 아금발명 시인연성 심유미명
諮詢如來 是義云何 合因緣性?
자순여래 시의운하 합인연성

아난이 말씀드렸습니다.

"이 묘하게 보는 성품이 자연自然이 아니라면, 제가 이제 두루 다 드러내 보이는 견성見性을 부처님이 말씀한 인연성因緣性이라고 생각해 봐도 오히려 제 마음이 분명치 못합니다. 제가 다시 여래께 여쭈옵니다. 그 보는 성품이 어떻게 인연성에 맞습니까?"

佛言 汝言因緣 吾復問汝 汝今因見 見性現前 此見爲復 因
불언 여언인연 오부문여 여금인견 견성현전 차견위부 인
明有見? 因暗有見? 因空有見? 因塞有見? 阿難! 若因明
명유견 인암유견 인공유견 인색유견 아난 약인명
有 應不見暗 如因暗有 應不見明 如是乃至 因空因塞 同於
유 응불견암 여인암유 응불견명 여시내지 인공인색 동어
明暗。復次 阿難! 此見又復 緣明有見? 緣暗有見? 緣空有
명암 부차 아난 차견우부 연명유견 연암유견 연공유
見? 緣塞有見? 阿難! 若緣空有 應不見塞 若緣塞有 應不
견 연색유견 아난 약연공유 응불견색 약연색유 응불
見空 如是乃至 緣明緣暗 同於空塞。
견공 여시내지 연명연암 동어공색

부처님께서 말씀하셨습니다.

174

"네가 말하는 인연에 대하여 다시 묻겠다. 네가 지금 본다는 것은 모든 대상을 인因하여 보는 성품이 앞에 나타났다. 그러면 이 보는 성품이 저 밝은 빛을 인因하여 있느냐, 막힘을 인하여 있느냐?

아난아! 만약 밝음을 인하여 있다면 당연히 네가 어둠을 보지 못할 것이고, 어둠을 인하여 있다면 네가 밝음을 보지 못할 것이다. 그런데 보는 것이 텅 빈 공을 인한 까닭이냐? 못 보는 것은 막힘을 인한 까닭이냐? 밝음과 어둠을 보고 못 보는 경우도 똑같다. 텅 빔을 원인原因으로 본다면 당연히 막힘을 보지 못할 것이고 막힘을 원인으로 본다면 영원히 텅 빈 공은 못 볼 것이다.

아난아! 또 이 보는 성품이 밝은 까닭(緣)으로 있느냐, 어두운 까닭으로 있느냐? 텅 빈 공한 까닭으로 있느냐, 막힌 까닭으로 있느냐?

아난아! 만약 공한 까닭으로 보는 성품이 있다면 막힘은 영원히 보지 못할 것이고, 만약 막히는 까닭으로 막힘을 본다면 텅 빈 공을 영원히 보지 못할 것이다. 이렇게 보는 성품이 밝음을 연緣한 것이냐, 어둠을 연緣한 것이냐 하는 것도 공이냐 막힘이냐 하는 경우와 마찬가지다."

當知如是 精覺妙明 非因非緣 亦非自然 非不自然 無非不非
無是非是 離一切相 卽一切法。汝今云何 於中措心 以諸世
間 戲論名相 而得分別？如以手掌 撮摩虛空 只益自勞。虛
空云何 隨汝執捉？

 "반드시 이것을 알아야 한다. 정묘精明한 묘각妙覺은 밝고 어
둡고 공하고 막힘을 두루 다 드러내 보이는 묘하게 밝은 각성
이다. 그러므로 묘명한 견성은 어떤 원인原因으로 생기는 것도
아니고 어떤 까닭(緣)으로 생기는 것도 아니며, 또한 스스로
그렇게 존재하는 자연성自然性도 아니다. 하지만 만법이 존재
하는 섭리로 보면 인과 연이 아닌 것도 아니다. 오로지 묘각
의 빛인 견성의 독특한 성리로 보면 밝고 어두운 양면성이나
막히고 통하는 양극단이 있을 수 없다. 왜냐하면 견성은 보고
못 보고가 없기 때문이다. 그렇기 때문에 묘명한 견성은 일체
모든 이변二邊의 양면성이 부정된다. 왜냐하면 견성은 모든 것
을 있는 그대로 환히 드러내 보일 뿐이기 때문이다.

 그러므로 견성은 인연으로 생기는 것도 아니고, 스스로 그
렇게 존재하는 실체가 없으므로 자연도 아니다. 또한 인연이
나 자연이 아닌 것도 아니다. 왜냐하면 묘각의 각성인 견성은
밝으면 밝은 대로, 어두우면 어두운 대로, 비어 있으면 텅 비
어 있는 그대로, 막히면 막힌 그대로 모든 것을 있는 그대로

저마다 가지고 있는 독특한 개성을 모두 다 드러내 보이기 때문이다. 그래서 묘각妙覺은 명묘하고 묘명하다고 한다. 양면성과 그 양면의 중도성까지도 온통 다 드러내 보이는 명묘한 각성은 식심분별의 마음과 공색空塞의 온갖 현상을 다 벗어 버렸다. 그러므로 일체 모든 만법이 지극히 청정한 그 가운데 송두리째 다 드러날 뿐이다. 그런데 네가 묘명한 각성의 거울에 비친 식심분별의 마음을 가지고 어떻게 세간의 말장난인 모든 희론과 이름뿐인 허구의식의 고정관념으로 각명覺明의 견성見性을 이리저리 헤아려 보려 하느냐? 그건 마치 손으로 실체가 없는 허공을 만지려는 것과 같아서 스스로 수고로움만 더할 뿐 어떻게 허공이 네게 잡히겠느냐?"

9. 견見은 시視를 여의었다

"견성見性은 보고 못 봄을 환히 다 드러내 보이므로 육안으로 무엇을 본다는 시각의 개념을 벗어 버렸다."

阿難白佛言 世尊! 必妙覺性 非因非緣。世尊! 云何常與比丘宣說 見性具四種緣? 所謂因空 因明因心因眼 是義云何?

아난이 부처님께 사뢰었습니다.

"세존이시여, 이 묘한 깨달음의 성품은 원인이 되는 인因도 아니요, 관계가 되는 연緣도 아니라면, 어찌하여 세존께서는 항상 비구들에게 보는 성품은 네 가지 조건의 연을 갖춰야 한다고 말씀하셨습니까? 즉 공空을 인하고, 밝음을 인하고, 마음을 인하고, 눈을 인한다는 것은 무슨 뜻입니까?"

佛言 阿難! 我說世間 諸因緣相 非第一義。阿難! 吾復問汝 諸世間人 說我能見 云何名見? 云何不見?

부처님께서 말씀하셨습니다.

"아난아! 그것은 세간법이라는 상호보완적 관계로 생기는 세상의 인연상因緣相을 말한 것일 뿐, 인연을 초월한 깨달음의 각성을 밝히는 제일의第一義를 말한 것이 아니다. 아난아! 또 네게 묻겠다. 세상 사람들이 '내가 본다'고 흔히들 말하는데, 어떤 것을 본다고 하고, 어떤 것을 보지 못한다고 하는 것이냐?"

阿難言 世人因於 日月燈光 見種種相 名之爲見。若復無此 三種光明 則不能見。

아난이 대답하였습니다.

"세상 사람들이 눈으로 해·달·등불 빛을 통하여 갖가지 모양을 보는데 이것을 본다고 말하고, 만약 이 세 가지 빛이 없으면 보지 못한다고 합니다."

阿難! 若無明時 名不見者 應不見暗 若必見暗 此但無明 云何無見? 阿難! 若在暗時 不見明故 名爲不見 今在明時 不見暗相 還名不見 如是二相 俱名不見 若復二相 自相陵奪 非汝見性 於中暫無 如是則知 二俱名見 云何不見?

"아난아! 꼭 그렇다면 만약 밝은 빛이 없을 때는 보지 못한다고 해야 옳다. 그러면 빛이 없는 어두움도 보지 못해야 마땅할 것이다. 만약 어두움도 보는 것이 틀림없다면, 이런 경우는 다만 밝음이 없음을 보는 것뿐인데, 어떻게 봄이 없는 것이겠느냐?

아난아! 만약 캄캄한 어두움 속에 있을 때에 밝음을 보지 못한다고 해서 네 눈이 보지 못하는 것이라고 한다면, 밝음 속에 있을 때 어둠을 보지 못하는 것도 역시 보지 못하는 것이라고 해야 옳을 것이다. 이렇게 되면 밝고 어두움 두 경계를 다 보지 못한다는 얘기가 된다.

밝고 어두운 이 두 경계는 서로 뒤바뀐 것일지언정, 네가 보는 그 성품에 있어서는 찰나도 있다 없다 하는 것이 아니다. 그렇다면 네 두 눈은 밝고 어두운 두 가지의 경계를 모두 본다고 해야 옳지, 어찌 보지 못한다고 할 것이냐?"

是故阿難! 汝今當知 見明之時 見非是明 見暗之時 見非是暗 見空之時 見非是空 見塞之時 見非是塞 四義成就 汝復應知 見見之時 見非是見 見猶離見 見不能及。云何復說 因緣自然 及和合相? 汝等聲聞 狹劣無識 不能通達 淸淨實相 吾今誨汝 當善思惟 無得疲怠 妙菩提路。

"그러므로 아난아, 너는 이것을 알아야 한다. 밝음을 볼 때도 보는 성품이 밝음이 아니고, 어둠을 볼 때도 보는 성품이 어둠이 아니며, 텅 빈 허공을 볼 때도 보는 성품이 텅 빈 허공이 아니다. 또한 막힘을 볼 때도 보는 성품이 막히는 것이 아니다.

이렇게 밝고 어둡고 통하고 막히는 네 가지 경계의 이치가 드러났으니, 너는 다시 알아야 한다. 네가 눈으로 사물을 볼 적에 시각으로 보는 것은 각성覺性의 견성見性이 아니다. 눈으로 보는 시각은 참으로 보는 견성이 아니니라. 견성은 보는 시각을 벗어 버린 것이어서 육안으로 보는 시각으로는 미치지 못하는 것이다. 온갖 경계를 다 벗어버린 각성의 눈, 곧 견성을 가지고 어찌 다시 인연因緣이니, 자연自然이니, 화합化合한 상相이니 하겠느냐. 이러한 논리는 다만 육안의 속성에 맞춘 말일 뿐이니라.

너희 성문聲聞들은 소견이 좁고 용렬하여서 각성의 눈으로 보는 지혜가 없다. 그러므로 있으려야 있을 것이 아무것도 없는 청정한 각성覺性의 실상實相을 통달하지 못하는 것이다. 이제 내가 다시 너희들에게 묘각의 실상을 밝히겠으니 잘 듣고, 묘각妙覺으로 돌아가는 묘한 깨달음의 길에서 왜곡된 혼란에 지치지도 말고 권태로워하지도 말아라."

10. 망妄에서 진眞을 보임

"식심으로 보는 육안에서 참으로 보는 견성을 보임."

阿難白佛言 世尊! 如佛世尊 爲我等輩 宣說因緣 及與自然
諸和合相 與不和合 心猶未開 而今更聞 見見非見 重增迷悶!
伏願弘慈 施大慧目 開示我等 覺心明淨。作是語已 悲淚頂禮
承受聖旨。

아난이 부처님께 사뢰었습니다.

"세존이시여, 세존께서 저희들을 위하여 인연과 자연, 화합化合과 화합이 아닌 비화합非化合에 대하여 설명하여 주셨습니다. 하지만 저희들의 마음은 아직도 깨닫지 못하겠습니다. 그런데 이제 다시 육안으로 보는 시각은 참으로 보는 견성이 아니라는 말씀을 들으니 거듭 더욱 답답합니다. 원컨대 큰 자비와 큰 지혜로 저희들에게 밝고 청정한 본묘각의 본마음을 열어 보이소서."

이렇게 말하고는 깨닫지 못하는 자신이 너무나 가련하여 눈물을 흘리면서 부처님께 절하고 거룩한 가르침을 기다렸습니다.

爾時 世尊 憐愍阿難 及諸大衆 將欲敷演 大陀羅尼 諸三摩
이시 세존 연민아난 급제대중 장욕부연 대다라니 제삼마
提妙修行路。告阿難言 汝雖强記 但益多聞 於奢摩他 微密
제묘수행로 고아난언 여수강기 단익다문 어사마타 미밀
觀照 心猶未了 汝今諦聽 吾今爲汝 分別開示 亦令將來 諸
관조 심유미료 여금체청 오금위여 분별개시 역령장래 제
有漏者 獲菩提果。
유루자 획보리과

그때 세존께서 아난과 대중을 가엾이 여기시고, 앞으로 닦을 수행에 관한 대다라니와 일체를 환상으로 보는 환관幻觀, 일체를 공으로 보는 공관空觀, 필경 공적해진다고 보는 적관寂觀을 닦는 모든 삼마제의 수행에 관한 바른길을 가르쳐 주시려고 아난에게 말씀하셨습니다.

"네가 비록 뛰어난 기억력을 지녔으나 많이 듣는 데에만 유익했을 뿐이다. 진실로 알아야 할 마음의 눈으로 미묘하게 면밀히 관조觀照해 보는 사마타에 대해서는 도리어 모르겠다고 했으니, 이제 자세히 들어라. 이제 너를 위하여 분명하게 밝혀서 네 스스로 항상 환히 드러내 보이는 견성이 무엇인가를 깨닫게 하리라. 그리하여 먼 장래에 모든 중생들로 하여금 모두 깨달음이라는 각성을 터득케(菩提果) 하리라."

阿難! 一切衆生 輪廻世間 由二顚倒 分別見妄 當處發生
아난 일체중생 윤회세간 유이전도 분별견망 당처발생

當業輪轉。 云何二見? 一者 衆生別業妄見 二者 衆生同分
당업윤전   운하이견   일자 중생별업망견 이자 중생동분
妄見 云何名爲 別業妄見?
망견 운하명위 별업망견

"아난아! 모든 중생이 세간에 윤회하는 이유는 두 가지로 뒤바뀌게 분별을 하는 망견妄見의 탓이다. 비유하면 하나의 달을 두 개로 보듯이 허망하게 뒤바뀌게 보는 망견으로 말미암아, 그 망견이 발생(當處發生)한 그 즉시 복잡한 행위가 일어나서(當業) 윤회하게 되는 것이다.

그러면 그 두 가지 허망하게 드러나는 망견이란 무엇인가? 첫째는 중생들이 스스로 술을 먹고 취하여 헛것을 보는 것처럼 별도로 짓는 별업別業에 의해서 허망하게 드러나는 망견이고, 두 번째는 중생들이 하나의 꽃을 보되 각기 다른 각도에서 달리 보는 것처럼 같이 보되 다르게 보게 되는 동분同分에 의하여 허망하게 드러나는 망견이다.

어떤 것을 별도로 지어서 허망하게 드러나는 별업망견別業妄見이라 하는가?"

阿難! 如世間人 目有赤眚 夜見燈光 別有圓影 五色重疊
아난   여세간인 목유적생 야견등광 별유원영 오색중첩
於意云何? 此夜燈明 所現圓光 爲是燈色? 爲當見色? 阿
어의운하   차야등명 소현원광 위시등색   위당견색   아
難! 此若燈色 則非眚人 何不同見? 而此圓影 唯眚之觀。
난   차약등색 즉비생인 하부동견   이차원영 유생지관
若是見色 見已成色 則彼眚人 見圓影者 名爲何等?
약시견색 견이성색 즉피생인 견원영자 명위하등

"아난아! 세간 사람들이 눈동자에 붉은 군살이 생기는 적생赤眚이 있을 때 밤에 등불을 보면 등불에 오색의 달무리 같은 둥근 그림자가 중첩되는 것을 보게 되는 일이 흔히 있다. 그것은 어떻게 해서 생긴다고 생각하느냐? 그 등불에 나타난 둥근 오색 빛이 등에서 생긴 빛이겠느냐, 그것을 보는 자의 눈에서 생긴 빛이겠느냐?

아난아! 만약 등의 빛이라면 눈에 적생이 없는 사람은 어째서 보지 못하고, 반드시 적생이 있는 사람만이 보느냐? 만약 보는 눈에서 생긴 오색 빛이라면, 그 보는 눈에 빛이 있는 것인데 저 적생인 사람이 꼭 등불을 볼 적에만 둥근 달무리를 보는 것을 무엇이라 하면 좋겠느냐?"

復次 阿難! 若此圓影 離燈別有 則合傍觀 屛帳几筵 有圓影出 離見別有 應非眼矚 云何眚人 目見圓影? 是故當知 色實在燈 見病爲影 影見俱眚 見眚非病 終不應言 是燈是見。於是中有 非燈非見 如第二月 非體非影。何以故? 第二之觀 捏所成故。諸有智者 不應說言 此捏根元 是形非形 離見非見 此亦如是 目眚所成 今欲名誰 是燈是見 何況分別 非燈非見?

"그리고 또 아난아! 이 둥근 그림자가 등과는 상관없이 따로 있다면 곁에 있는 병풍, 휘장, 책상, 자리 등을 보아도 그런 그림자가 있어야 할 것이며, 보는 것을 떠나서 따로 그런 빛이 있다면 눈과는 상관도 없는 것이다. 그런데 어째서 눈병 있는 사람만 그것을 보느냐? 그러므로 빛은 실로 등에 있는 것이다. 그러므로 보는 눈에 병이 있어서 그러한 그림자가 나타났다는 것을 알아야 한다.

　오색 달무리로 나타난 그림자나 그러한 그림자를 보는 것이 모두 병 때문이다. 하지만 이러한 눈병 자체를 환히 보는 견성은 병이 아니다. 그러므로 결국 이러한 그림자가 등 때문이다, 보는 눈병 때문이다 할 것도 없고, 등 때문이 아니니 보는 것 때문이다, 아니다 할 것도 없다. 마치 피로한 눈에 비친 두 번째의 달은 실제의 달 그 자체도 아니고 또한 달에서 생긴 그림자도 아닌 것과 같다. 왜냐하면 두 개로 보인 제2의 달을 보는 것은 피로한 눈에서 생긴 것이므로, 지혜가 있는 자는 피로해서 생긴 환영의 달을 가지고 달 그 자체다, 아니다라고 시비를 할 것이 없다. 병든 눈에는 누구나 환영이 분명히 보인다. 이것을 가지고 옳게 보는 것이다, 잘못 보는 것이다 할 것도 없으며 그렇다고 이러한 현상을 두루 다 드러내 보이는 견성이 어디로 멀리 떠난 것이라고는 말하지 않는다.

　병난 눈도 마찬가지여서 눈병으로 된 현상인데, 이것을 등 때문이다 보는 눈 때문이다 할 것이며, 부질없이 등이다, 등이 아니다, 보는 눈이다, 눈이 아니다 하는 따위의 분별이 있겠는가?"

云何名爲 同分妄見? 阿難! 此閻浮提 除大海水 中間平陸
운 하 명 위   동 분 망 견   아 난   차 염 부 제   제 대 해 수   중 간 평 육
有三千洲 正中大洲 東西括量 大國凡有 二千三百 其餘小
유 삼 천 주   정 중 대 주   동 서 괄 량   대 국 범 유   이 천 삼 백   기 여 소
洲 在諸海中 其間或有 三兩百國 或一或二 至于三十四十
주   재 제 해 중   기 간 혹 유   삼 량 백 국   혹 일 혹 이   지 우 삼 십 사 십
五十。阿難! 若復此中 有一小洲 只有兩國 唯一國人 同感
오 십   아 난   약 부 차 중   유 일 소 주   지 유 양 국   유 일 국 인   동 감
惡緣 則彼小洲 當土衆生 睹諸一切 不祥境界 或見二日 或
악 연   즉 피 소 주   당 토 중 생   도 제 일 체   불 상 경 계   혹 견 이 일   혹
見兩月 其中乃至 暈適珮映 彗孛飛流 負耳虹蜺 種種惡相
견 양 월   기 중 내 지   운 적 패 영   혜 패 비 류   부 이 홍 예   종 종 악 상
但此國見 彼國衆生 本所不見 亦復不聞。
단 차 국 견   피 국 중 생   본 소 불 견   역 부 불 문

"어떤 것이 나누어진 것과 같은 허망하게 드러나 보임(妄見)인가? 아난아! 이 염부제에서 큰 바다를 제외하고 육지가 3천 개의 섬으로 되어 있는데, 바다 한가운데 있는 큰 섬에는 동서로 헤아릴 수 있는 큰 나라가 대체로 2천3백여 개의 나라가 있고 그 밖에 작은 섬들이 있는데 2백, 혹은 3백여 개의 섬나라가 있다. 또 어떤 섬에는 한두 개의 나라가 있기도 하고, 혹은 30·40·50개의 나라가 있기도 하다.

그런데 아난아! 이 가운데 어느 한 작은 섬에 단 두 나라가 있는데, 한 나라에서는 그곳에 사는 인민들이 아주 나쁜 일이

일어날 악연惡緣에 감염이 되어 여러 가지 상서롭지 못한 이상한 현상을 보는 수가 있다. 이를테면 해나 또는 달이 둘로 보이고, 달무리, 해무리, 월식, 일식이 일어나고, 해에 걸린 고리, 모양의 혜성彗星, 별똥별이 흐르고, 여러 가지 모양의 무지개가 뜨는 등 갖가지 이상한 천기의 징조가 나타난다. 그런가 하면 다른 나라에 사는 사람들은 이런 것들을 전연 보도 듣도 못한다."

阿難! 吾今爲汝 以此二事 進退合明。阿難! 如彼衆生 別業妄見 矚燈光中 所現圓影 雖現似境 終彼見者 目眚所成 眚卽見勞 非色所造 然見眚者 終無見咎。例汝今日 以目觀見 山河國土 及諸衆生 皆是無始 見病所成 見與見緣 似現前境 元我覺明 見所緣眚 覺見卽眚。本覺明心 覺緣非眚。覺所覺眚 覺非眚中。此實見見 云何復名 覺聞知見?

"아난아! 내가 이제 이 두 가지 예를 들어 번갈아 가면서 설명하리라.

아난아! 저 나라 중생들이 각기 따로 지은 업의 망령된 소견으로 말미암아 보는 이러한 현상도 흡사 등불에 나타나는 둥근 그림자를 보는 것과 같다. 흡사 앞에 나타난 현상처럼 보이지만 결국 그것은 그러한 현상을 보는 자들의 눈병인 것과 같다. 그 눈병은 보는 눈이 피로해서 생기는 현상이다. 피로한 눈에 보이는 오색 현상은 실제 물질이 그렇게 된 것은 아니다. 그런데, 이러한 모든 눈병으로 나타나는 현상들을 두루 다 드러내 보이는 견성에는 아무런 허물이 없다.

　예를 들면 네가 지금 눈으로 산, 강, 대지를 보는 것은 모든 중생들이 시초가 없는 과거부터 환히 드러내 보이는 견성으로 된 병인 것이다. 그 보는 눈과 보여지는 대상이 흡사 앞에 나타난 실제 현상 같지만, 실은 원래로 밝게 깨닫고 아는 각명覺明이 드러내 보인 것일 뿐이다. 그런데 이러한 현상들을 눈이 분별해 보는 것은 모두 눈병이다. 하지만 본각本覺의 밝은 각성으로 보는 견성에는 아무 허물이 없다. 오로지 견성見性은 거울처럼 온갖 것을 다 드러내 보일 뿐이다. 보고 못 봄을 두루 다 드러내 보이며 그것을 두루 다 깨닫고 아는 각성의 눈이다.

　이렇게 모든 것을 다 드러내 보이는 견성은 절대로 시각이 피로해 생기는 눈병 같은 것은 있을 수가 없다. 드러난 모든 현상을 보고 분별하는 것은 눈에서 생긴 눈병이지만 온갖 것을 두루 다 드러내 보이는 본체 각성覺性은 병든 눈 속에 있는 것이 아니다. 이는 실로 보고 못 봄을 환히 다 드러내 보이는 견성일 뿐이다.

이 같은 견성의 묘명을 누가 어떻게 깨닫는 것이다, 듣는 것이다, 아는 것이다, 보는 것이다라고 정의할 수 있겠느냐?"

是故 汝今見我及汝 幷諸世間 十類衆生 皆卽見眚 非見眚者
彼見眞精 性非眚者 故不名見。 阿難! 如彼衆生 同分妄見
例彼妄見 別業一人 一病目人 同彼一國 彼見圓影 眚妄所生
。此衆同分 所現不祥 同見業中 瘴惡所起 俱是無始 見妄所
生。例閻浮提 三千洲中 兼四大海 娑婆世界 幷洎十方 諸有
漏國 及諸衆生 同是覺明 無漏妙心 見聞覺知 虛妄病緣 和
合妄生 和合妄死。 若能遠離 諸和合緣 及不和合 則復滅除
諸生死因 圓滿菩提 不生滅性 淸淨本心 本覺常住。

"그러므로 네가 지금 나를 보고 너를 보고 모든 세간과 열 종류의 중생들이 보는 것은 다 보는 시각의 눈병인 것이다. 만약 이같이 보는 눈에 병이 없다면, 그러한 현상을 드러내 보이는 견성은 참으로 순수한 것이어서 그 성품은 본래로 눈병이 아니므로 중생들이 보는 저 시각과 같은 것이라고는 말하지 않는다.

아난아! 뭇 중생들이 여러 사람이 같은 업연으로 허망한 것을 보는 동분업同分業과 개인이 저마다 달리 지은 별업別業으로 보는 눈병의 망견이 있다. 이것을 비교해 본다면, 한정된 지역에서 여러 사람이 같이 보는 불길한 흉조는 그 지역의 인민들이 불길한 악연에 감염된 것과 같고, 각 개인이 보는 촛불에 둥근 그림자를 보는 것과 같은 것은 그 한 사람이 지은 별업으로 생긴 눈병인 것이다. 한정된 공간에서 똑같이 보는 여러 가지 상서롭지 못한 경계는 견해가 같은 중생들의 업력으로 생긴 장악瘴惡이라는 풍토병으로 일어나는 것이다. 이런 것은 모두 시초가 없는 과거로부터 허망하게 고집하는 망견妄見으로 일어난 현상인 것이다.

염부제의 삼천주와 사대해와 사바세계 및 시방의 모든 세계가 밝게 일어났다가 아득하게 명멸하는 천체와 모든 중생들이 본래로 두루 깨닫고 밝게 아는 샘이 없는 묘한 마음(無漏妙心)인 각명覺明을 바탕으로 해서 모든 것이 생주이멸하건만 공연히 보고 듣고 느끼고, 안다고 하는 허망한 마음의 병으로 말미암아 부질없는 사람들이 화합하여 일어났다가는 허망한 조건들이 흩어지면 반드시 없어지는 것이다.

그러므로 만약 모든 허망한 망심妄心이 화합하고 흩어지는 마음을 멀리 여의면 곧 나고 죽는 근본이 없어져서 생멸하지 않는다. 생사에 근본인 마음이 사라지면 홀연히 두루 원만한 묘각妙覺의 명묘明妙한 보리의 성품이 환히 드러난다. 본디 있으려야 있을 것이 아무것도 없는 청정한 본묘각은 마음의 밑바탕으로서 항상 그대로 머물러 있어 멸하지 않느니라."

阿難! 汝雖先悟 本覺妙明 性非因緣 非自然性 而猶未明
아난 여수선오 본각묘명 성비인연 비자연성 이유미명
如是覺元 非和合生 及不和合。阿難! 吾今復以 前塵問汝
여시각원 비화합생 급불화합 아난 오금부이 전진문여
汝今猶以一切世間 妄想和合 諸因緣性 而自疑惑 證菩提心
여금유이일체세간 망상화합 제인연성 이자의혹 증보리심
和合起者 則汝今者 妙淨見精 爲與明和? 爲與闇和? 爲與
화합기자 즉여금자 묘정견정 위여명화 위여암화 위여
通和? 爲與塞和? 若明和者 且汝觀明 當明現前 何處雜見?
통화 위여색화 약명화자 차여관명 당명현전 하처잡견
見相可辨 雜何形像? 若非見者 云何見明? 若卽見者 云何
견상가변 잡하형상 약비견자 운하견명 약즉견자 운하
見見? 必見圓滿 何處和明? 若明圓滿 不合見和! 見必異明
견견 필견원만 하처화명 약명원만 불합견화 견필이명
雜則失彼 性明名字 雜失明性 和明非義 彼暗與通 及諸群
잡즉실피 성명명우 잡실명성 화명비의 피암여통 급제군
塞 亦復如是。
색 역부여시

"아난아! 네가 비록 본각本覺의 묘명妙明한 성품이 인연도 아니요, 자연도 아님을 알았다고 하나 너는 아직도 저 묘각의 근본 성품은 어떤 조건들이 화합하여 생긴 것도 아니고, 그렇다고 무엇과 무엇이 화합하지 않은 것도 아님을 모를 것이다.

아난아! 내가 이제 다시 너에게 이 세상에 실재하는 사례를 들어서 네게 묻겠다.

네가 지금도 세간의 온갖 것이 다 허망한 망상들이 화합하여 존재하는 것들이 모두 인연성因緣性임을 보고, 저 해탈의 보리를 닦아서 증득證得하는 각성도 혹시 화합으로 일어나는 것이 아닐까 하고 의심할 것이다.

  지금 그 묘하고 청정한 묘각의 정기가 밝음과 화합한 것이겠느냐, 어둠과 화합한 것이겠느냐? 확 열린 통함과 화합한 것이겠느냐, 막힘과 화합한 것이겠느냐? 만약 밝음과 화합한 것이라면 네가 밝음을 볼 적에 밝음이 앞에 나타나는데, 어디에 보는 성품이 섞여 있느냐? 분명 보이는 것이라면 가려낼 수 있어야 한다. 섞였다면 어떠한 형태로 섞여 있느냐?

  만약 보는 자가 아니라면 어떻게 밝음을 보며, 만약 보는 자라면 어떻게 보는 자를 보겠느냐? 보는 것이 두루 가득한 것이라면 어디에 밝음이 섞이겠느냐? 만약 밝음이 별도로 두루 가득하다면 보는 것이 어디에도 섞일 수가 없다.

  보는 자가 밝음과 다름으로 섞인다면 밝다는 이름을 잃을 것이다. 무엇과 섞여서 밝은 성품을 잃었다면 밝음과 화합한다는 것은 옳지 않다. 저 어둠과 텅 빈 통함과 막힘과도 화합한다면 역시 이와 같이 옳지 못한 현상이 되느니라."

復次 阿難! 又汝今者 妙淨見精 爲與明合? 爲與暗合? 爲
與通合? 爲與塞合? 若明合者 至於暗時 明相已滅 此見卽
不 與諸暗合 云何見暗? 若見暗時 不與暗合 與明合者 應非
見明 旣不見明 云何明合? 了明非暗 彼暗與通 及諸群塞 亦

復如是。
부여시

"또 아난아! 네가 이제 그 묘하고 청정한 보는 시각이 밝음과 합하였느냐, 어둠과 합하였느냐? 통함과 합하였느냐, 막힘과 합하였느냐?

만약 밝음과 합하였다면 어두울 적에는 이미 밝음이 없어졌다. 그렇다면 이 보는 시각이 어둠과는 합하지 않았을 것이다. 그런데 어떻게 어둠을 보느냐?

만약 어둠을 볼 적에는 어둠과 합하지 않는다고 한다면 밝음과 합한 경우에도 밝음을 보지 못해야 할 것이다. 이미 밝음을 보지 못한다면 어떻게 밝음과 합하였다고 할 것이며 밝음은 어두움이 아니라는 것을 어떻게 알겠느냐? 저 어둠과 통함과 막힘도 보는 견성에 합하였다는 생각도 마찬가지다."

阿難白佛言 世尊! 如我思惟 此妙覺元 與諸緣塵 及心念慮
아 난 백 불 언   세 존   여 아 사 유   차 묘 각 원   여 제 연 진   급 심 염 려
非和合耶?
비 화 합 야

아난이 부처님께 사뢰었습니다.

"세존이시여, 제가 생각해 보니 이 본묘각은 모든 상대되는 물질과 마음으로 생각하는 사람들과 더불어 화합한 것은 아닌 듯합니다."

佛言 汝今又言 覺非和合。吾復問汝 此妙見精 非和合者
爲非明和? 爲非暗和? 爲非通和? 爲非塞和? 若非明和 則
見與明 必有邊畔! 汝且諦觀 何處是明? 何處是見? 在見在
明 自何爲畔? 阿難! 若明際中 必無見者 則不相及 自不知
其明相所在 畔云何成? 彼暗與通 及諸群塞 亦復如是。

  부처님께서 말씀하셨습니다.
  "네가 이제 또 깨달음의 각성과 화합함이 아니라고 하니, 내가 다시 너에게 묻겠다. 이 묘한 보는 시각이 보는 대상과 화합함이 아니라고 한다면 밝음과 융합이 아니냐?
  만일 밝음과 융합이 아니라면 보는 시각에 밝은 경계선이 있어야 할 것이다. 자세히 관찰해 보아라. 어디까지가 밝은 경계선이고 어디까지가 보는 시각이냐? 보는 시각에 있어서 별도의 경계선이 있다면 밝음을 볼 때에는 어떠한 경계가 있느냐?
  아난아! 만약 밝음 가운데 보는 시각이 없다면 보는 것과 보는 대상이 서로 상관없는 것이 되어 자연히 그 밝음이 있다는 것을 모를 것이다. 그런데 어떻게 경계가 성립이 되겠느냐? 저 어둠, 통함, 막힘 따위도 역시 마찬가지다."

又妙見精 非和合者 爲非明合? 爲非暗合? 爲非通合? 爲非

塞合? 若非明合 則見與明 性相乖角 如耳與明 了不相觸
見且不知 明相所在 云何甄明 合非合理? 彼暗與通 及諸群
塞 亦復如是。

"또 묘하게 보는 시각이 융합이 아니라면 밝음과 융합하지 않았느냐, 어둠과 융합하지 않았느냐? 통함과 융합하지 않았느냐, 막힘과 융합하지 않았느냐?

만약 밝음과 융합하지 않았다면 보는 시각이 밝음을 보는 시각과 서로 어긋나서, 마치 소리를 듣는 귀가 빛을 보는 눈과 서로 관계가 없는 것처럼, 눈으로 보아도 밝음이 있다는 것을 전혀 모를 것이다. 그런데 어떻게 보는 시각과 융합하였느니 보는 대상과 융합하지 않았느니 하며 무슨 이치를 별도로 가릴 수 있겠느냐? 어둠과 통함과 막힘에 대해서도 마찬가지다."

11. 네 조목에서 여래장如來藏을 보임

① 오음五陰이 곧 여래장如來藏

阿難! 汝猶未明 一切浮塵 諸幻化相 當處出生 隨處滅盡
幻妄稱相 其性眞爲 妙覺明體 如是乃至 五陰六入 從十二
處 至十八界 因緣和合 虛妄有生 因緣別離 虛妄名滅 殊不
能知 生滅去來 本如來藏 常住妙明 不動周圓 妙眞如性 性
眞常中 求於去來 迷悟死生 了無所得。

 "아난아! 너는 아직도 온갖 떠 있는 먼지 같은 모든 현상적인 것들이 모두 환상으로 된 것들이어서, 그 자리에서 생겼다가 그 자리에서 없어지는 것임을 모르는구나. 환상의 세계는 분명 허망한 현상이지만 그 본 성품은 참으로 묘한 묘각妙覺의 밝은 본체인 것이다. 이와 같이 일체 만유가 본 묘각의 명묘한 각성을 바탕으로 해서 존재하고 있으며 일체 중생의 마음도 그러하다.

 이렇게 마음의 속성인 5음五陰, 6입六入, 12처十二處, 18계十八界가 다 인연이 화합하면 허망하게 생겨나고 인연이 흩어지면 허망하게 다 없어지느니라. 이렇게 세계와 중생이 생生하고 멸滅하고 가고 오고 하지만, 그 밑바탕은 본래로 동함이 없는 묘각妙覺을 여래장如來藏이라 한다. 여래장은 항상 그대로 밝고 동하지 않는다. 다만 중생들이 이와 같은 진실한 진여묘각을 깨닫지 못하는 데 문제가 있다. 진여묘각은 묘하게 두루 밝은 여래장으로서 그 묘각의 성품은 참으로 항상한 것이어서 언제나 진실한 그대로인 가운데서는 오고감과 알고 모르는 미오迷悟와 나고 죽는 생사를 찾아보아도 묘각의 여래장 가운데서는 얻어 볼 수가 없느니라."

阿難! 云何五陰 本如來藏 妙眞如性? 阿難! 譬如有人 以
아 난   운하오음   본여래장   묘진여성   아 난   비여유인 이
淸淨目 觀晴明空 唯一淸虛 逈無所有 其人無故 不動目睛
청정목 관정명공   유일청허 형무소유   기인무고 부동목정
瞪以發勞 則於虛空 別見狂華 復有一切 狂亂非相 色陰當
징이발로 즉어허공   별견광화 부유일체   광란비상 색음당
知 亦復如是。阿難! 是諸狂華 非從空來 非從目出。如是
지 역부여시   아난   시제광화 비종공래 비종목출   여시
阿難! 若空來者 旣從空來 還從空入 若有出入 卽非虛空。
아난   약공래자 기종공래   환종공입 약유출입 즉비허공
空若非空 自不容其 華相起滅 如阿難體 不容阿難。若目出
공약비공 자불용기   화상기멸 여아난체 불용아난   약목출
者 旣從目出 還從目入 卽此華性 從目出故 當合有見 若有
자 기종목출   환종목입 즉차화성   종목출고 당합유견 약유
見者 去旣華空 旋合見眼 苦無見者 出旣翳空 旋當翳眼。
견자 거기화공   선합견안 고무견자   출기예공 선당예안
又見華時 目應無翳 云何晴空 號淸明眼? 是故當知 色陰虛
우견화시 목응무예   운하정공 호청명안   시고당지 색음허
妄 本非因緣 非自然性。
망 본비인연   비자연성

"아난아! 어찌하여 마음의 속성인 5음五陰이 근본 여래장인 묘한 진여의 성품이라 하느냐?

아난아! 비유하건대, 어떤 사람이 청정한 눈으로 청명한 하늘을 볼 적에는 다만 하나의 맑은 허공일 뿐 어디까지나 다른 것이 없다. 그러다가 그가 아무런 까닭도 없이 눈동자를 움직이지 않고 오래 허공을 주시하다 보면 그 눈이 공연히 피로해지면서 마침내 그 허공에서 아지랑이 같은 헛꽃 모양을 보기도 하고 여러 가지 어지러운 현상을 보게 된다. 청정했던 하늘의 실제 상이 아닌 것을 보게 된다. 눈으로 현상을 보는 현상의 그림자 색음色陰도 마치 이와 같다는 것을 알아야 한다.

아난아! 피로한 눈에서 생긴 저 헛꽃 모양 같은 것이 본디 맑은 허공에서 생긴 것도 아니고 눈에서 나온 것도 아니다. 아난아! 만약 그것이 허공에서 생겼다면 이미 허공에서 생겼으니 도로 허공으로 들어가게 될 것이다. 이리하여 만약 색음이라는 환상이 어디서 와서 어디로 가는 출입구가 있는 것이라면 곧 그것은 허공이 아니다.

만약 허공 그 자체가 허공이 아니라면 자연히 그 헛꽃 모양 같은 것이 일어났다 멸하는 그 자체를 용납할 수 없을 것이다. 그것은 마치 아난의 몸에 다른 아난을 용납할 수 없는 것과 같다.

 만약 그 허공의 헛꽃이 눈에서 나왔다면 도로 눈으로 들어가야 할 것이고, 또 그것은 눈에서 나왔으니 당연히 그 헛꽃이 보는 성품을 지녀야 할 것이다. 그래서 만약 헛꽃이 보는 능력을 지녔다면 밖으로 나가서 허공의 꽃이 되었다가 그것이 눈으로 되돌아올 때는 마땅히 네 눈을 보아야 할 것이다. 만약 헛꽃이 보는 힘이 없는 것이라면 밖으로 나가서 허공을 가리었던 것이니 되돌아와서는 당연히 제 눈을 가려야 할 것이다.

 또 누구나 그 헛꽃을 볼 적에 눈에는 응당 가려진 것이 없을 것이다. 그런데 어찌하여 맑은 허공을 볼 적에만 맑고 깨끗한 눈이라고 하느냐?

 그러므로 색음은 허망한 것이지만 본래로 이것은 인연도 아니요 자연도 아닌, 묘각과 같은 참성품(妙眞如性)이라는 것을 알아야 하느니라."

阿難! 譬如有人 手足宴安 百骸調適 忽如忘生 性無違順 其
아난   비여유인   수족연안   백해조적   홀여망생   성무위순   기
人無故 以二手掌 於空相摩 於二手中 妄生澁滑 冷熱諸相
인무고   이이수장   어공상마   어이수중   망생삽골   냉열제상
受陰當知 亦復如是。阿難! 是諸幻觸 不從空來 不從掌出。
수음당지   역부여시   아난   시제환촉   부종공래   부종장출
如是阿難! 若空來者 旣能觸掌 何不觸身? 不應虛空 選擇
여시아난   약공래자   기능촉장   하불촉신   불응허공   선택

來觸 若從掌出 應非待合 又掌出故 合則掌知 離卽觸入 臂
래촉 약종장출 응비대합 우장출고 합즉장지 이즉촉입 비
腕骨髓 應亦覺知 入時蹤跡 必有覺心 知出知入 自有一物
완골수 응역각지 입시종적 필유각심 지출지입 자유일물
身中往來 何待合知 要名爲觸? 是故當知 受陰虛妄 本非因
신중왕래 하대합지 요명위촉   시고당지 수음허망 본비인
緣 非自然性。
연 비자연성

"아난아! 마치 어떤 사람이 손발이 편안하고 온몸이 알맞게 조화되어서 문득 자기 자신을 잊은 듯해서 싫고 좋은 위화성 違和性이라는 것이 없다가, 그 사람이 까닭 없이 두 손바닥을 허공에서 마주 비비면, 그 두 손에서 망령된 이상감을 느낀다. 깔깔하거나 매끄럽거나, 차거나 뜨겁거나 한다. 이러한 모든 느낌의 현상이 일어난다.

이것처럼 손을 몸에 대면 알고, 손을 떼면 모르는 느낌인 수음受陰이라는 것도 마치 허공의 헛꽃 같은 환상임을 알아야 한다.

아난아! 이 모든 허망한 환상으로 느끼는 촉감이 허공에서 온 것도 아니요, 손바닥에서 나온 것도 아니다. 그렇다, 아난아! 만약 허공에서 왔다면 어째서 허공을 마찰하는 손바닥에는 촉감이 있으면서 어찌하여 몸에는 접촉하는 감이 없겠느냐? 허공이 와서 접촉하는 감이 있다면 무엇이 허공을 가려서 감촉하는 감이 없지는 않을 것이다.

만일 손바닥에서 촉감이 나온 것이라면 손바닥을 마주쳐야

만 촉감이 날 것이며, 또 손바닥에서 나온 것이라면 손바닥을 합할 적에 손바닥에서 촉감이 나오는 것을 손바닥이 이미 알았으니 당연히 손바닥을 뗄 적에는 그 촉감이 그 손바닥으로 도로 들어가야 할 것이다. 그렇다면 당연히 팔, 손목, 골수 따위가 또한 그 촉감이 들어가는 자취를 모두 알아야 할 것이다.

반드시 깨닫는 마음이 있어서 나감을 알고 들어옴을 안다면, 스스로 촉감이라고 하는 한 물건이 있어 몸속을 왕래하는 형편이 되는데, 어찌 꼭 손을 합해야만 아는 것을 촉감이라고 하느냐?

그러므로 무엇을 대면 알고 떼면 모르는 환상으로 느끼는 환감幻感의 수음受陰이라는 것이 실로 허망한 것이다. 이것은 본래 인연도 아니요 자연도 아닌, 느끼는 성품이라는 것을 알아야 한다."

阿難! 譬如有人 談說酢梅 口中水出 思蹋懸崖 足心酸澁
아난   비여유인 담설초매 구중수출 사담현애 족심산삽
想陰當知 亦復如是。阿難! 如是酢說 不從梅生 非從口入。
상음당지 역부여시 아난 여시초설 부종매생 비종구입
如是阿難! 若梅生者 梅合自談 何待人說? 菩從口入 自合
여시아난 약매생자 매합자담 하대인설 보종구입 자합
口聞 何須待耳? 若獨耳聞 此水何不 耳中而出? 思蹋懸崖
구문 하수대이 약독이문 차수하불 이중이출 사담현애
與說相類 是故當知 想陰虛妄 本非因緣 非自然性。
여설상류 시고당지 상음허망 본비인연 비자연성

아난아! 마치 어떤 사람이 신 매실梅實을 말하면 입 안에서 신맛이 생기고 아슬아슬한 낭떠러지를 밟고 선 생각을 하면 발바닥이 저절로 새그무레한 것과 같이 저 마음의 속성 가운데 상상의 그림자라는 상음想陰이라는 것도 바로 이런 것임을 알아야 한다.

아난아! 이러한 신 매실을 생각게 하는 신맛의 말이 실로 매실에서 생기는 것도 아니요, 그렇다고 입으로 들어간 것도 아니다. 그렇다, 아난아! 만약 매실에서 생긴다면 매실 스스로 말할 것이니 어찌하여 사람이 말하기를 기다리겠느냐? 만약 신맛이 입으로 들어간다면 입으로 들어가야 할 것인데 어찌하여 귀가 신맛을 얘기하는 말을 기다려야 하겠느냐? 만약 귀만이 듣는 것이라면 이 신맛의 물이 어찌 귀에서 나오지 않고 입에서 나오느냐?

낭떠러지를 밟는 생각만으로 발이 새그러운 까닭도 이와 같은 이치다. 그러므로 기억하고 잊는 상상想像의 상음想陰도 실로 허망한 것이지만 본래 이것은 인연도 아니요 자연도 아닌, 마음의 성품이라는 것을 알아야 한다."

阿難! 譬如暴流 波浪相續 前際後際 不相踰越 行陰當知
아난   비여폭류   파랑상속   전제후제   불상유월   행음당지
亦復如是。阿難! 如是空性 不因空生 不因水有 亦非水性。
역부여시   아난   여시공성   불인공생   불인수유   역비수성

非離空水。 如是阿難! 若因空生 則諸十方 無盡虛空 成無
비리공수　여시아난　약인공생　즉제시방　무진허공　성무

盡流 世界自然 俱受淪溺。 若因水有 則此暴流 性應非水
진류　세계자연　구수륜닉　약인수유　즉차폭류　성응비수

有所有相 今應現在。 若卽水性 則澄淸時 應非水體 若離空
유소유상　금응현재　약즉수성　즉징청시　응비수체　약리공

水 空非有外 水外無流 是故當知 行陰虛妄 本非因緣 非自
수　공비유외　수외무류　시고당지　행음허망　본비인연　비자

然性。
연성

"아난아! 저 폭포처럼 쏟아지는 폭류의 물결이 서로 잇따라 흐른다. 물의 흐름을 보면 앞물결과 뒷물결이 서로 뛰어넘지 않는다. 동정動靜의 행음行陰도 이와 같은 것임을 알아야 한다.

아난아! 저렇게 쉴 새 없이 흐르는 행음의 성품이 허공으로 인하여 나는 것도 아니요, 물로 인하여 있는 것도 아니며, 또한 흐름은 물의 성품도 아니요, 허공과 물을 여읜 것도 아니다.

그렇다. 아난아! 만약 물의 흐름과 같은 행음이 허공을 인하여 난다면 시방에 끝이 없는 허공이 끝없이 흐름을 이룰 것이니 그렇게 되면 세계가 온통 물에 잠길 것이다.

만약 물을 인하여 있다면, 저 흐르는 성질은 실제 물이 아니다. 그렇다면 실제 물과 저 흐름의 성질이 따로 나타나야 할 것이다. 만약 흐름 그 자체가 물의 성품이라면 물이 맑고 고요하게 가라앉았을 때 물 그 자체는 아니어야 할 것이다.

만약 흐르는 성질(行陰)이 허공도 물도 여읜 것이라면 허공은 안과 밖이 따로 없는 법이다. 흐르는 물을 제외하고는 따로 흐름이라는 것이 없다. 그러므로 마음의 속성 가운데 이쪽 저쪽 이변성二邊性을 가진 동정動靜의 행음은 실로 허망한 것이지만 이것은 인연도 자연도 아닌, 마음의 성품인 줄을 알아야 한다."

阿難! 譬如有人 取頻伽瓶 塞其兩孔 滿中擎空 千里遠行
아난   비여유인 취빈가병 색기량공 만중경공 천리원행
用餉他國 識陰當知 亦復如是。阿難! 如是虛空 非彼方來
용향타국 식음당지 역부여시 아난 여시허공 비피방래
非此方入。如是阿難! 若彼方來 則本瓶中 旣貯空去 於本
비차방입 여시아난   약피방래 즉본병중 기저공거 어본
瓶地 應少虛空 若此方入 開孔倒瓶 應見空出 是故當知 識
병지 응소허공 약차방입 개공도병 응견공출 시고당지 식
陰虛妄 本非因緣 非自然性。
음허망 본비인연 비자연성

"아난아! 마치 어떤 사람이 가릉빈가라는 새 모양의 빈가병頻伽瓶에 두 구멍을 내고, 그 병 속에 허공을 가득히 채워 천리만리 밖에 있는 먼 타국에 가서 그 두 구멍의 뚜껑을 열고 사용하는 것과 같이 마음의 속성 가운데 생멸하는 식음識陰도 이와 같다는 것을 알아야 한다.

아난아! 저 병에 든 허공이 고향에서 가지고 간 허공이라면 처음 병 속에 허공을 담아 가지고 간 만큼 본래 병이 있던 자리의 허공은 줄어야 할 것이다. 만약 타국의 허공이 들어간 것이라면 구멍을 열고 병을 기울이면 고향의 허공이 다시 나

오는 것을 보아야 할 것이다. 그러므로 마음의 속성인 식음識
陰도 실은 허망한 것이지만 본래 이것은 인연도 아니요 자연
도 아닌, 생멸하는 식심의 성품이라는 것을 알아야 하느니라."

수능엄경 제3권

② 육입六入이 곧 여래장如來藏

復次 阿難! 云何六入 本如來藏 妙眞如性? 阿難! 卽彼目
부차 아난 운하육입 본여래장 묘진여성 아난 즉피목
睛 瞪發勞者 兼目與勞 同是菩提 瞪發勞相 因于明暗 二種
정 징발로자 겸목여로 동시보리 징발로상 인우명암 이종
妄塵 發見居中 吸此塵象 名爲見性 此見離彼 明暗二塵 畢
망진 발견거중 흡차진상 명위견성 차견리피 명암이진 필
竟無體。如是阿難! 當知是見 非明暗來 非從根出 不於空
경무체 여시아난 당지시견 비명암래 비종근출 불어공
生。何以故? 若從明來 暗卽隨滅 應非見暗 若從暗來 明
생 하이고 약종명래 암즉수멸 응비견암 약종암래 명
卽隨滅 應無見明 若從根生 必無明暗 如是見精 本無自性
즉수멸 응무견명 약종근생 필무명암 여시견정 본무자성
若於空出 前矚塵象 歸當見根 又空自觀 何關汝入? 是故
약어공출 전촉진상 귀당견근 우공자관 하관여입 시고
當知 眼入虛妄 本非因緣 非自然性。
당지 안입허망 본비인연 비자연성

"또 아난아! 어찌하여 6근으로 들고 나는 6식(六入)을 본래 묘각妙覺의 여래장如來藏인 묘한 진여眞如의 성품이라고 하느냐? 아난아! 저 눈동자가 곧장 한곳을 주시하여 눈이 피로해진 것은, 그 보는 눈과 시각의 피로라는 것이 모두 초롱초롱한 각성(菩提)이 곧장 한곳을 쏘아보아서 시력이 피로해진 상태인 것이다.

밝음과 어둠의 두 가지 허망한 현상으로 인하여 보려는 식심이 각성覺性을 자극하여 보려는 시각視覺을 내고, 보는 시각이 앞에 드러난 현상들을 안으로 받아들여서 드러난 현상을 판별하는 이러한 작용을 보는 성품(見性)이라고 하지만, 그러나 이 보는 시각은 저 밝음과 어둠을 여의면 결국 그 본다는 자체가 없다.

이와 같이 아난아! 이 보는 시각이 밝음이나 어둠에서 온 것도 아니요, 근根에서 나온 것도 아니며, 허공에서 생긴 것도 아니라는 것을 알아야 한다. 왜냐하면 만약 밝음에서 왔다면 어두울 때는 밝음을 따라서 곧 보는 견성見性이 없어질 것이다. 그렇다면 어둠을 볼 수 없어야 한다.

만약 어둠에서 왔다면 밝을 때는 곧 어둠을 따라서 견성이 없어질 것이니 당연히 밝음을 볼 수 없어야 할 것이다. 또 만약 눈인 안근眼根에서 보는 성품인 견성이 생겼다면 반드시 밝음도 어둠도 볼 수 없을 것이다.

이렇게 되면 보는 정기라는 것이 본래 제 성품(自性)이 없는 것이 된다. 만약 견성이 허공에서 나왔다면 앞에 있는 물질현상을 보던 시각이 눈으로 돌아올 때는 제 눈을 스스로 보아야 할 것이다. 그렇든 저렇든 간에 허공에서 견성이 나왔다면 허공 스스로가 볼 것이니 네 눈과 무슨 상관이 있겠느냐?

　그러므로 눈으로 앞의 사물을 보고 받아들이는 시각이라는 안입眼入이 허망하나 본래 보고 못 보고를 두루 다 드러내 보이는 견성은 인연도 아니요 자연도 아닌, 시방세계에 두루한 각성의 성품이라는 것을 알아야 한다."

阿難! 譬如有人 以兩手指 急塞其耳 耳根勞故 頭中作聲 兼耳與勞 同是菩提 瞪發勞相 因于動靜 二種妄塵 發聞居中 吸此塵象 名聽聞性。此聞離彼 動靜二塵 畢竟無體。如是 阿難! 當知是聞 非動靜來 非於根出 不於空生。何以故? 若從靜來 動卽隨滅 應非聞動 若從動來 靜卽隨滅 應無覺靜 若從根生 必無動靜 如是聞體 本無自性 若於空出 有聞成性 卽非虛空 又空自聞 何關汝入? 是故當知 耳入虛妄 本非因緣 非自然性。

"아난아! 또 사람이 양 손가락으로 두 귀를 갑자기 막으면 청각聽覺이라는 이근耳根이 적막해지면서 머릿속에서 이명耳鳴이 나는데, 이것은 청각이 갑자기 적막해지면서 생긴 피로에서 나는 소리다. 이것은 청각을 한곳으로 집중하는 과정에서 각성이 피로해서 생긴 현상인 것이다.

청각은 소리의 울림인 동動과 고요한 정靜 이 두 가지 허망한 경계로 서로 상대하면서 울림의 소리와 적막의 고요가 듣는 성품인 청각을 자극해서 듣는 성품이 생기게 되었다. 그 청각 가운데서 소리가 있고 없는 동정을 흡수하는데 이것을 듣는 성품이라고 말한다. 그러나 저 청각은 소리가 있고 소리가 없는 두 경계의 동정을 여의면 결국 청각이란 그 자체가 없다.

그러므로 아난아! 이 듣는 것이 동과 정에서 온 것도 아니요, 이근耳根이라는 청각에서 난 것도 아니며, 허공에서 생긴 것도 아니라는 것을 알아야 한다.

왜냐하면 만약 청각이 고요한 정靜에서 왔다면 동하여 소리가 날 때는 곧 듣는 성품이 없어질 것이다. 그러면 동하는 소리를 못 들을 것이다. 만약 울리는 동動에서 듣는 성품이 나왔다면 고요할 때는 듣는 성품이 없어질 것이니 어떻게 고요함을 깨닫고 알겠느냐?

만약 근根에서 듣는 성품이 나왔다면 반드시 동하는 소리와 적막한 고요함도 없을 것이다. 이렇게 되면 청각이라는 것이 본래 제 성품이 없는 것이 된다.

만약 허공에서 듣는 성품이 나왔다면, 허공 스스로가 들을 것이다. 허공 그 자체가 듣는 성품이 된 것이므로 곧 그것을 허공이라 할 수가 없다. 그렇다면 허공 스스로가 듣는 것인데 네 귀와 무슨 관계가 있겠느냐?
　그러므로 귀로 듣는 이입耳入이라는 것이 허망한 것이지만 본래 무슨 까닭으로 생긴 인연도 아니요, 스스로 존재하는 자연도 아닌, 청정묘각에 바탕을 둔 각성의 성품이라는 것을 알아야 한다."

阿難! 譬如有人 急畜其鼻 畜久成勞 則於鼻中 聞有冷觸 因觸分別 通塞虛實 如是乃至 諸香臭氣 兼鼻與勞 同是菩提 瞪發勞相 因于通塞 二種妄塵 發聞居中 吸此塵象 名齅聞性。此聞離彼 通塞二塵 畢竟無體。當知是聞 非通塞來 非於根出 不於空生。何以故? 若從通來 塞則聞滅 云何知塞? 如因塞有 通則無聞 云何發明 香臭等觸? 若從根生 必無通塞 如是聞機 本無自性。若從空出 是聞自當 迴齅汝鼻 空自有聞 何關汝入? 是故當知 鼻入虛妄 本非因緣 非自然性。

　"아난아! 마치 어떤 사람이 코로 급히 숨을 들이쉬고 내쉬고 하기를 오래하면 저절로 후각이 피로해져서 콧속에서 찬 냉기의 촉감을 느끼게 된다. 이러한 후각이 통함과 막힘과 허함과 실함과 향기와 모든 냄새를 구별하게 되는데, 이것은 후각이 코와 더불어 피로해져서 생긴 것이다. 모두 초롱초롱한 각성인 보리를 잘못 집착하여서 이렇게 느끼는 현상인 것이다.

숨이 통하고 막히는 두 가지 허망한 경계로 인하여 냄새를 맡으려는 후각이 각성을 자극하여 온갖 현상적인 기체를 흡수하는데, 이것을 냄새 맡는 성품인 후각嗅覺이라고 한다. 그러나 이 후각은 저 통하고 막히는 두 경계를 여의면 결국 후각이란 그 자체가 없다.

그러니 이 후각이 본래 통함이나 막힘에서 온 것도 아니요, 근에서 난 것도 아니며, 허공에서 생긴 것도 아니라는 것을 알아야 한다.

왜냐하면 만약 통함에서 왔다면 막히면 후각이 없어질 것이니 어떻게 막힘을 알 것이며, 또한 막힘을 인하여 후각이 있는 것이라면 통하게 되면 후각이 없을 것인데 어떻게 향기와 온갖 냄새를 알겠느냐?

만약 비근鼻根에서 생긴 것이라면 반드시 통함도 막힘도 몰라야 할 것이다. 그렇게 되면 후각이라는 것이 본래 제 성품이 없는 것이 된다.

만약 허공에서 후각이 나왔다면 온갖 후각이 스스로 허공이 되듯 허공 스스로가 냄새를 맡을 것인데 네 코와 무슨 관계가 있겠느냐?

 그러므로 후각의 비입鼻入은 허망하나, 본래 무슨 까닭으로 생긴 인연도 아니요 스스로 존재하는 자연도 아닌, 묘각의 빛인 각성의 성품이라는 것을 알아야 한다."

阿難! 譬如有人 以舌舐吻 熟舐令勞 其人若病 則有苦味
無病之人 微有甛觸 由甛與苦 顯此舌根 不動之時 淡性常
在。兼舌與勞 同是菩提 瞪發勞相 因甛苦淡 二種妄塵 發
知居中 吸此塵象 名知味性。此知味性 離彼甛苦 及淡二塵
畢竟無體。如是 阿難! 當知如是 嘗苦淡知 非甛苦來 非因
淡有 又非根出 不於空生。何以故? 若甛苦來 淡則知滅 云
何知淡? 若從淡出 甛卽知亡 復云何知 甛苦二相? 若從舌
生 必無甛淡 及與苦塵 斯知味根 本無自性 若於空出 虛空
自味 非汝口知 又空自知 何關汝入? 是故當知 舌入虛妄
本非因緣 非自然性。

 "아난아! 또 어떤 사람이 혀로 입술을 핥기를 오래하면 미각이 피로하게 되는데, 그 사람이 병이 있으면 입술에서 쓴맛이 생기고 병이 없으면 약간의 단맛이 생기게 된다. 이런 경우에 생기는 단맛과 쓴맛은 혀로 말미암아 감지된다. 혀가 움직이지 않을 적에는 담담한 성미가 항상 있다는 것을 알게 된다.

이것은 입술과 혀와 더불어 미각을 아는 설식舌識이 피로해서 생긴 것이다. 이 모두가 초롱초롱한 각성인 보리에서 미각을 분별하는 집착에서 일어난 성품인 것이다.

달고 쓴 것과 담담한 이 두 가지 맛이 허망하게 대립되는 경계로 인하여 지각知覺하려고 하는 미각이 고요한 각성을 자극함으로써 그 미각 가운데 반연된 온갖 현상적인 것을 흡수하여 맛을 아는 성품이 생겼다.

그러나 저 맛을 아는 성품은 결국 쓰고 단 것과 담박한 것, 이 두 가지의 대상을 멀리 여의면 결국 미각이란 그 자체가 없다.

그렇다, 아난아! 이렇게 쓴 것과 담박한 것을 아는 미각은 달고 쓴 것에서 온 것도 아니요, 담박한 것으로 인하여 미각이 있는 것도 아니다. 그렇다고 설근舌根에서 나온 것도 아니요, 허공에서 생긴 것도 아니라는 것을 알아야 한다. 왜냐하면 만약 달고 쓴 것에서 나왔다면 담박하게 되면 그 미각이라는 것이 없어질 것이다. 그렇다면 달고 쓴 것을 어떻게 알겠느냐? 만약 혀에서 미각이 생겼다면 반드시 달고 쓴 것과 담박한 것과는 아무런 상관이 없는 것이 된다. 저 맛을 아는 미각이 본래로 제 성품이 없는 것이 된다. 만약 그 미각이 허공에서 나왔다면 허공 스스로가 맛보는 것이 되므로 네 입으로 아는 것이 아니라고 해야 옳다. 또 허공 스스로가 아는 맛이라면 너의 혀와 무슨 상관이 있겠느냐?

그러므로 미각이라는 혀끝으로 들어오는 설입舌入은 허망한 것이지만 본래 이것은 어떤 관계로 생긴 인연도 아니요 저절로 생긴 자연도 아닌, 묘각의 빛인 각성의 성품이라는 것을 알아야 한다."

阿難! 譬如有人 以一冷手 觸於熱手 若冷勢多 熱者從冷 若熱功勝 冷者成熱 如是以此 合覺之觸 顯於離知 涉勢若成 因於勞觸 兼身與勞 同是菩提 瞪發勞相. 因于離合 二種妄塵 發覺居中 吸此塵象 名知覺性. 此知覺體 離彼離合 違順二塵 畢竟無體. 如是 阿難! 當知是覺 非離合來 非違順有 不於根出 又非空出. 何以故? 若合時來 離當已滅 云何覺離? 違順二相 亦復如是. 若從根出 必無離合 違順四相 則汝身知 元無自性 必於空出 空自知覺 何關汝入? 是故當知 身入虛妄 本非因緣 非自然性.

"아난아! 마치 어떤 사람이 찬 손을 더운 손에 갖다 대면, 찬 냉기의 힘이 셀 경우에는 더운 감각이 따라서 차가워지고 더운 기운의 힘이 더 셀 경우에는 찬 감각이 더워진다. 이렇게 맞대어서 서로 차고 더운 것을 알게 되는 것을 촉감觸感이라 한다. 대고 떼는 촉감으로써 온갖 감각을 나타내지만, 상대적으로 교섭하는 온랭의 세력이 밀고 당기는 과정에서 고요한 묘각의 각성을 자극하여 생긴 피로가 쌓여 촉감이 생겼다. 촉감도 몸과 더불어 모두 청정한 묘각의 각성인 보리를 어지럽게 집착하여서 생긴 촉감이라는 성품이다.

여읨(離)과 결합(合)하는 두 가지로 상대하는 허망한 경계로 인하여 깨달아 알려고 하는 지각知覺이 묘각의 각성을 자극하여 촉감을 내고, 감촉을 지각하려는 성품 가운데서 현상적인 온갖 감촉을 흡수하는 지각知覺을 내었다. 온갖 느낌을 깨닫고 아는 것을 지각이라 하지만, 이렇게 자각自覺하는 지각성은 저 여읨과 합함, 거스르고 순응하는 두 상대의 경계를 여의면 결국 지각하는 그 자체가 없다. 그러니 아난아! 이 지각하는 것이 멀리 떠나는 여읨과 맞대어 보는 합함에서 온 것도 아니요, 저절로 만상을 따라 응하는 순응에서 생기는 것도 아니다. 그렇다고 신근身根인 몸에서 나온 것도 아니요, 허공에서 생긴 것도 아니다.

왜냐하면 만약 무엇을 대어 보는 합할 때 지각이 나온다면 여읠 적에는 감지하는 감각이 없어질 것이니, 그렇다면 스스로 아무것도 몸에 닿지 않았다는 여읨을 어떻게 알겠느냐? 거스름과 순응, 두 가지 상대의 경우도 마찬가지다.

만일 몸인 신근에서 지각이 나왔다면 반드시 여읨과 합함, 거스름과 자발적인 순응이 없을 것이니, 그렇다면 이것은 원래로 제 성품이 없는 것이 될 것이다. 그리고 또 허공에서 나왔다면 허공 스스로가 감각하는 것이니 네 몸과 무슨 관계가 있겠느냐?

그러므로 몸으로 느끼는 신입身入은 허망하지만 본래 이것은 어떤 관계로 생기는 인연도 아니요, 스스로 존재하는 자연도 아니다. 전신으로 깨닫는 감각은 본래로 청정묘각의 각성인 성품이라는 것을 알아야 하느니라."

阿難! 譬如有人 勞倦則眠 睡熟便寤 覽塵斯憶 失憶爲忘
아난 비여유인 노권즉면 수숙변오 남진사억 실억위망
是其顚倒 生住異滅 吸習中歸 不相踰越 稱意知根 兼意與
시기전도 생주이멸 흡습중귀 불상유월 칭의지근 겸의여
勞 同是菩提 瞪發勞相 因于生滅 二種妄塵 集知居中 吸撮
로 동시보리 징발로상 인우생멸 이종망진 집지거중 흡촬
內塵 見聞逆流 流不及地 名覺知性。此覺知性 離彼寤寐
내진 견문역류 유불급지 명각지성 차각지성 이피오매
生滅二塵 畢竟無體。如是 阿難! 當知如是 覺知之根 非寤
생멸이진 필경무체 여시 아난 당지여시 각지지근 비오
寐來 非生滅有 不於根出 亦非空生。何以故? 若從寤來 寐
매래 비생멸유 불어근출 역비공생 하이고 약종오래 매
卽隨滅 將何爲寐? 必生時明 滅卽同無 令誰受滅? 若從滅
즉수멸 장하위매 필생시명 멸즉동무 영수수멸 약종멸
有 生卽滅無 誰知生者? 若從根出 寤寐二相 隨身開合 離
유 생즉멸무 수지생자 약종근출 오매이상 수신개합 이
斯二體 此覺知者 同於空花 畢竟無性 若從空生 自是空知
사이체 차각지자 동어공화 필경무성 약종공생 자시공지
何關汝入? 是故當知 意入虛妄 本非因緣 非自然性。
하관여입 시고당지 의입허망 본비인연 비자연성

"아난아! 비유하면 어떤 사람이 피로하고 권태로우면 졸리고, 푹 자고 나면 문득 정신이 개운해진다. 어떤 대상을 보면 그 자체를 기억하고, 만일 기억을 잃으면 까맣게 잊어버린다. 이것은 생각이 일어났다(生), 잠깐 머물다(住), 서서히 변해서(異), 필경에는 멸滅하는 상념想念의 속성 때문이다. 이것이 수시로 변하여 잠시도 머물지 않고 항상 뒤바뀌는 것이 심성의 속성이다. 보고 듣고 행동으로 익힌 습관이 각성 가운데 흡수되어서 잠재된 것이 기억이다. 기억된 의식은 물 흐르듯 서로 뒤바뀌게 뛰어넘지 않는다. 이것을 의근意根이라 한다. 의근은 두뇌다. 6근六根으로 받아들인 사유 분별하는 6식六識이 시방법계에 두루한 청정묘각의 각성을 자극하여 피로에서 생긴 의식이 곧 의意인 지각知覺이다.

식심識心이라고도 부르는 지각은 본래로 맑고 밝은 보리를 왜곡되게 집착해서 생긴 것이다.

생하고 멸하는 두 가지로 상대하는 허망한 경계로 인하여 모여진 사념의 앎(知)이 묘각의 각성을 자극하여 그 가운데서 깨닫고 아는 지각을 내게 되었다. 내진內塵이라 이름하는 식심 분별을 지각이 총괄한다. 지각은 본 것, 들은 모든 기억을 뒤바뀌게 역류逆流시키거나 혼돈스럽게 만들 수 없는 무의식계로서 사념이 흐르는 것을 깨달아 아는 성품이라고 해서 지각성知覺性이라고 말한다. 이렇게 알고 깨닫는 지각의 성품은 깨고자 하는 오매寤寐와 일어났다 없어지는 생멸生滅하는 두 가지로 상대하는 경계를 여의면 결국 지각이란 그 자체가 없다.

그러므로 아난아! 이 깨달아 아는 것이 의식의 오寤나 무의식의 매寐에서 오는 것도 아니요, 생生이나 멸滅에서 오는 것도 아니다. 그렇다고 머리인 의근意根이라는 뇌에서 나온 것도 아니요, 허공에서 생긴 것도 아니라는 것을 알아야 한다.

왜냐하면 만약 깨어 있는 오寤에서 왔다면 잘 적엔 지각이 없어질 것이니 무엇이 자며, 반드시 생生할 때에만 있는 것이면 멸할 적엔 지각이 없을 것이다. 지각이 멸滅함을 따라서 있는 것이라면 생할 적엔 멸이 없을 것이다. 그렇다면 무엇이 생하는 것을 알겠느냐?

만약 머릿속 의근에서 나왔다면, 깨는 것과 자는 것은 한 몸에 따른 개합開合된 성질이니, 이 두 가지를 여의면 저 깨닫고 안다는 지각이 허공의 헛꽃(空華)과 같아서 결국 제 성품이 없는 것이 되리라.

만약 지각이 허공에서 생겼다면 그것은 허공 스스로가 아는 것이니, 네 뜻으로 들어오는 의입意入과 무슨 관계가 있겠느냐? 그러므로 지각하는 의입이라는 것은 허망한 것이지만 본래 인연도 아니요, 자연도 아닌, 청정묘각의 빛인 각성의 성품이라는 것을 알아야 하느니라."

③ 십이처+二處가 곧 여래장

"6근은 몸에 있으므로 안이라 하고, 또 보고 느끼고 하는 모든 감상의 대상물은 모두 밖에 있습니다. 그래서 안과 밖, 곧 두 곳이 됩니다. 이를 2처二處라 하고 2처가 육근六根과 계합됨으로써 2×6=12가 됩니다. 안과 밖, 12처에서 의意가 일어남을 밝히고 그 의意는 곧 청정묘각의 여래장에서 생멸하는 환상이 되므로 이를 세존이 자상히 밝히시는 품이 되고 있습니다."

復次 阿難! 云何十二處 本如來藏 妙眞如性? 阿難! 汝且
부차 아난 운하십이처 본여래장 묘진여성 아난 여차
觀此 祇陀樹林 及諸泉池 於意云何? 此等爲是 色生眼見
관차 기타수림 급제천지 어의운하 차등위시 색생안견
眼生色相? 阿難! 若復眼根 生色相者 見空非色 色性應銷
안생색상 아난 약부안근 생색상자 견공비색 색성응소
銷則顯發 一切都無。色相旣無 誰明空質? 空亦如是! 若復
소즉현발 일체도무 색상기무 수명공질 공역여시 약부
色塵生眼見者 觀空非色 見卽銷亡 亡則都無 誰明空色? 是
색진생안견자 관공비색 견즉소망 망즉도무 수명공색 시
故當知 見與色空 俱無處所 卽色與見 二處虛妄 本非因緣
고당지 견여색공 구무처소 즉색여견 이처허망 본비인연
非自然性。
비자연성

"또 아난아! 어찌하여 12처가 본래 여래장인 묘한 진여의 성품이겠느냐? 아난아! 네가 이 기타림祇陀林 숲과 샘, 못 등을 보는데, 어떻게 생각하느냐? 저 모든 색상色相이 눈으로 보게 하는 작용을 내는 것이냐, 눈에서 온갖 색상이 나오는 것이냐?

아난아! 만약 눈에서 색상이 나온다면 허공을 볼 때에는 허공은 만물의 색이 아니다. 그렇다면 눈에 있던 색의 성품이 없어진 것이 되고, 만약 없어졌다면 어떠한 색상도 눈앞에 나타나지 않을 것이다. 색상이 이미 없다면 어떻게 허공을 분간하겠느냐? 눈이 허공의 상을 낸다는 생각도 마찬가지다.

그리고 또 만약 물질(色塵)이 눈으로 보게 하는 힘을 내게 한다면, 허공을 볼 적에는 어찌 되는가? 허공은 물질이 아니다. 그러면 눈으로 보는 힘을 내지 못할 것이다. 색이 없으면 아무것도 없는 것과 같은데, 무엇이 허공과 물질을 분간하겠느냐?

그러므로 보는 시각과 물질과 허공이 모두 제 처소가 없으므로 물질이 있는 곳 색처色處와, 눈으로 보는 곳 견처見處가 모두 허망하지만 보는 것이 본래 인연도 아니고 자연도 아닌 묘한 각성의 성품이라는 것을 알아야 하느니라."

阿難! 汝更聽此 祇陀園中 食辦擊鼓 衆集撞鐘 鐘鼓音聲
아난   여갱청차 기타원중   식판격고   중집당종   종고음성
前後相續 於意云何? 此等爲是 聲來耳邊 耳往聲處? 阿難!
전후상속 어의운하   차등위시 성래이변 이왕성처   아난

若復此聲來於耳邊 如我乞食 室羅筏城 在祇陀林 則無有我
此聲必來 阿難耳處 目連迦葉 應不俱聞 何況其中 一千二
百五十沙門 一聞鐘聲 同來食處? 若復汝耳 往彼聲邊 如我
歸住祇陀林中 在室羅城 則無有我 汝聞鼓聲 其耳已往 擊
鼓之處 鐘聲齊出 應不俱聞 何況其中 象馬牛羊 種種音響!
若無來往 亦復無聞。 是故當知 聽與音聲 俱無處所 卽聽與
聲 二處虛妄 本非因緣 非自然性。

"아난아! 너는 다시 들어 보아라. 이 기타원祇陀園 안에서 식사 때에는 북을 치고 대중의 모임에는 종을 쳐서 종소리, 북소리가 앞뒤로 잇따라서 들린다. 이때 너는 어떻게 생각되느냐? 이 북소리 종소리들이 귀로 들어오는 것이냐, 귀가 소리 나는 데로 가는 것이냐?

아난아! 만약 이 소리가 귀로 온다면 내가 슈라바스티에서 걸식을 할 적에는 기타림에는 내가 없는 것처럼, 이 소리도 아난의 귀로 오면 목련이나 가섭은 함께 듣지 못해야 할 것이다. 그런데, 여기 1,250명의 사문이 하나같이 종소리를 듣고 모두 식당으로 모이는 것은 어찌된 일이냐?

만약 네 귀가 소리 나는 데로 갔다면, 내가 기타림에 돌아왔을 적에는 슈라바스티에는 내가 없는 것처럼, 네가 북소리를 들을 적에는 그 귀가 이미 북을 치는 곳으로 갔을 것이다. 만약 동시에 종소리가 다른 곳에서 났다면 그 북소리와 종소리를 함께 듣지 못해야 할 것이 아니냐?

그러니 주변에서 동시에 들려오는 코끼리·말·소·양 따위의 여러 가지 음향들을 어떻게 다 듣겠느냐? 만일 오는 것도 가는 것도 아니라면 들을 바도 없어야 할 것이다.

그러므로 듣는 청각聽覺과 소리가 모두 제 처소가 없다. 소리를 듣는 곳 청처聽處와, 소리가 나는 곳 성처聲處가 다 허망한 것이지만, 이것은 본래 어떤 까닭으로 생기는 인연도 아니요 스스로 존재하는 자연도 아닌, 청정묘각의 여래장 가운데 있는 깨닫고 아는 각성의 성품이니라."

阿難! 汝又嗅此 爐中栴檀 此香若復 然於一銖 室羅筏城 四十里內 同時聞氣 於意云何? 此香爲復 生於檀木 生於汝鼻 爲生於空? 阿難! 若復此香 生於汝鼻 稱鼻所生 當從鼻出 鼻非栴檀 云何鼻中 有栴檀氣? 稱汝聞香 當於鼻入 鼻中出香 說聞非義! 昔生於空 空性常恒 香應常在 何藉爐中 蒸此枯木? 若生於木 則此香質 因蒸成煙 若鼻得聞 合蒙煙氣 其煙騰空 未及遙遠 四十里內 云何已聞? 是故當知 香鼻與聞 俱無處所 卽嗅與香 二處虛妄 本非因緣 非自然性.

"아난아! 너는 또 이 향로 속에서 나는 전단향의 향기를 맡아 보아라. 만약 이 향을 한 수銖만 피워도 슈라바스티성의 주변 40리 안에서는 누구나 동시에 향기를 맡는다. 네 생각은 어떠하냐? 이 향기가 전단나무에서 나는 것이냐, 네 코에서 나는 것이냐, 아니면 허공에서 나는 것이냐?

아난아! 만약 이 향기가 네 코에서 난다면, 그 향기는 코에서 나온다는 얘기가 된다. 그렇다면 네 코가 전단향이 아니거늘 어떻게 코에서 전단향이 나온다고 할 수 있겠느냐? 그리고 네가 향기를 맡으려면 전단향이 네 코로 들어가야 하는 것이다. 그러니 코에서 향기가 나오는 것을 맡는다는 것은 옳지 않다.

만약 허공에서 난다면 허공은 항상 그대로이므로 마땅히 향기도 항상 그대로 있어야 한다. 그런데 왜 하필이면 향로에 이 마른 향나무를 태워야 하느냐?

만약 그 향기가 전단나무에서 난다면, 이 향기가 나는 향나무가 탐으로 해서 연기가 되면 그 연기를 코로 맡자면 그 연기를 코에 쏘여야 한다. 그런데 그 연기는 단박에 허공으로 올라가 버린다. 허공으로 증발해 버린 그 향기는 멀리 퍼질 수가 없다. 그런데 그 향기가 어떻게 40리 안에서도 모두 맡을 수 있게 되느냐?

그러므로 향기와 코로 맡는 후각이 모두 제 처소가 없다.

냄새 나는 곳, 후처嗅處와, 향기가 나는 곳 향처香處가 다 허망한 것이지만 본래 냄새를 맡는 것은 인연도 아니요, 자연도 아닌 청정묘각의 여래장 가운데 있는 성품이라는 것을 알아야 하느니라."

阿難! 汝常二時 衆中持鉢 其間或遇 酥酪醍醐 名爲上味 於意云何? 此味爲復 生於空中? 生於舌析? 爲生食中? 阿難! 若復此味 生於汝舌 在汝口中 祇有一舌 其舌爾時 已成酥味 遇黑石蜜 應不推移 若不變移 不名知味 若變移者 舌非多體 云何多味 一舌之知? 若生於食 食非有識 云何自知? 又食自知 卽同他食 何預於汝 名味之知? 若生於空 汝瞰虛空 當作何味? 必其虛空 若作鹹味 旣鹹汝舌 亦鹹汝面 則此界人 同於海魚! 旣常受鹹 了不知淡 若不識淡 亦不覺鹹 必無所知 云何名味? 是故當知 味舌與嘗 俱無處所 卽嘗與味 二處虛安 本非因緣 非自然性。

"아난아! 네가 항상 하루에 두 끼니를 먹기 위하여 대중들과 함께 발우를 들고 밥을 얻는다. 어쩌다 간혹 소酥·락酪·제호醍醐를 만나게 되면 맛이 제일 좋은 상미上味라고 한다. 너는 어떻게 생각하느냐? 이 맛이 허공에서 생기느냐, 혀에서 생기느냐, 음식에서 생기느냐?

아난아! 만약 그 맛이 네 혀에서 생긴다면, 네 입 안에는 혀가 하나뿐이다. 그 혀가 그때 소락 맛으로 되었으니 그 혀에 꿀이 닿아도 맛이 달라지지 않아야 할 것이다. 만약 맛이 달라지지 않는다면 맛을 아는 것이라고 할 수 없다. 만약 달라진다면 혀는 여러 개의 몸이 아니다. 그런데 여러 가지 맛을 어떻게 한 혀가 다 알겠느냐?

만약 음식에서 생긴다면, 음식은 감지하는 알음알이가 있는 것이 아닌데 어떻게 스스로 맛을 알겠느냐? 아니면 음식 그것이 스스로 맛을 안다면 남이 먹는 음식맛과 같을 것이니, 어떻게 네가 그 맛을 안다고 하겠느냐?

만약 허공에서 생긴다면 네가 허공을 씹어 보아라. 무슨 맛이 나겠느냐? 허공이 짜다면 네 혀를 짜게 하였으니 네 얼굴도 짜게 해야 옳고, 그렇게 되면 이 세계 사람들이 바다의 고기처럼 될 것이다. 항상 짜기만 하면 싱거움을 몰라야 할 것이고, 싱거움을 모른다면 짠 것도 모를 것이다. 이렇게 되면 아무것도 모르는 것이니 어떻게 맛을 안다고 말하겠느냐?

그러므로 맛과 혀로 맛보는 것이 모두 제 처소가 없다. 맛나는 곳 미처味處와, 맛보는 처소 상처嘗處가 다 허망하지만, 그 맛보는 미각은 인연도 아니요, 자연도 아닌 청정묘각의 여래장 가운데 두루 편재한 성품이니라.

阿難 汝常晨朝 以手摩頭 於意云何? 此摩所知 誰爲能觸?
能爲在手? 爲復在頭? 若在於手 頭則無知 云何成觸? 若
在於頭 手則無用 云何名觸? 若各各有 則汝阿難 應有二
身。若頭與手 一觸所生 則手與頭 當爲一體 若一體者 觸
則無成 若二體者 觸誰爲在? 在能非所 在所非能 不應虛
空 與汝成觸。是故當知 覺觸與身 俱無處所 卽身與觸 二
俱虛妄 本非因緣 非自然性。

"아난아! 네가 아침이면 항상 손으로 머리를 만진다.* 어떻게 생각하느냐? 이렇게 만질 때 아는 촉각觸覺은 어느 것이 촉각을 아는 것이겠느냐? 그 촉각을 아는 것이 손이겠느냐, 머리이겠느냐?

만일 손에 촉각이 있다면* 머리는 앎이 없을 것이니 어떻게 촉감觸感이라고 하겠느냐? 만일 손과 머리에 각각 있다면 너 아난이 한 몸에 두 개의 앎을 내는 몸이 있는 것이 된다.

만일 머리와 손이 하나의 촉각으로 되었다면 손과 머리가 한 덩어리여야 하며, 또 만일 한 덩어리라면 촉각이 생길 수도 없는 것이다. 만일 두 몸이라면 그 촉각은 어디에서 오는 것이 되겠느냐? 촉각이 별도로 있다면, 무엇을 대어 보아야 알 일이 아닐 것이다. 무엇을 대어 보아야 아는 것이라면 스스로 깨달아 아는 촉각이 아닐 것이다. 그렇다고 저 허공이 네게 촉각이 되어 준 것도 아닐 것이다.

　그러므로 깨닫는 촉각과 몸이 모두 처소가 없다. 몸과 촉각이라는 두 처소가 본래 인연도 아니요, 자연도 아닌 청정묘각의 여래장 가운데 두루 편재한 각성의 성품인 줄을 알아야 하느니라."

[주해]

* 아침이면 머리를 만짐: 경經에 부처님께서 제자들에게 날마다 세 번씩 머리를 만지면서 "입을 조심하고 마음을 가누고 몸을 바로잡으라."고 하신 말씀이 있고, 또 『도교경道敎經』에 "너희 비구들은 머리를 만져 보라! 머리를 깎아 모든 몸치장을 버렸고 색을 파한 괴색壞色 옷을 입었고 발우를 가지고 걸식으로 살아가는 몸이라는 것을 깨닫고, 참회하는 마음으로 교만한 생각이 일어나거든 빨리 버려라." 하신 말씀이 있다.
* 일찍이 이탈리아의 명의名醫 롬부로조우가 어느 신경병자를 다룬 기록이 있는데 그 환자는 손끝의 감각이 눈과 같은 기능을 하는 전위현상轉位現象이 일어났다고 한다. 그는 물상을 눈으로 보는 것이 아니라 손가락 끝으로 보았다는 것이다. 손가락 끝에 안구가 없고 망막이 없으므로 시신경이 있을 리 없는데도 그의 손은 훌륭히 물상을 볼 수 있었던 것이다.

이 사실로 미루어보아 감각이 육체에도 있지 않고 신경세포에도, 허공에도 있지 않다는 세존의 말씀과 같이 그것은 여래장 가운데 두루 편재한 각성의 성품이라는 사실을 알 수 있다.

阿難! 汝常意中 所緣善惡 無記三性 生成法則 此法爲復
卽心所生? 爲當離心 別有方所? 阿難! 若卽心者 法則非塵
非心所緣 云何成處? 若離於心 別有方所 則法自性 爲知非
知? 知則名心 異汝非塵 同他心量 卽汝卽心 云何汝心 更
二於汝? 若非知者 此塵旣非 色聲香味 離合冷煖 及虛空相
當於何在? 今於色空 都無表示 不應人間 更有空外 心非所
緣 處從誰立? 是故當知 法則與心 俱無處所 則意與法 二
處虛妄 本非因緣 非自然性。

"아난아! 네 뜻(意) 가운데 반연하는 선성善性과 악성惡性과 무의식의 무기성無記性이 사유 분별을 하고 느끼는 정신작용인 법진法塵을 이루는 것이다. 그런데 이 법진인 알음알이가 이 마음에서 직접 생기는 것이냐, 마음을 떠나서 따로 방소方所가 있는 것이냐?

아난아! 만약 그것이 마음에서 일어나는 직접적인 작용이라면 그 알음알이 법진이라는 것은 물질이 아니므로 마음에 반연될 바가 아니다. 그러니 어떻게 뜻(意)이 있는 처소가 성립이 되겠느냐?

만약 마음을 떠나서 별도로 뜻이 머무는 방소가 있다면, 그 법진인 뜻의 자성自性이 본래 앎이 있는 것이냐, 앎이 없는 것이냐?

만약 앎이 뜻에 있다면 마음이라고 해야 할 것이다. 그러나 네가 의식하는 뜻은 네 마음과는 다르다. 그리고 그 뜻은 물질이 아니다. 그러니 의식하는 뜻에 깨닫고 아는 앎이 있다면 남의 마음과 같다고 보아야 한다. 만약 그 뜻을 네게 붙어 있는(卽) 네 마음이라고 한다면 그것은 네 마음이 둘이라는 것이 된다. 어떻게 그럴 수 있겠느냐?

만약 의식하는 뜻이 깨닫고 아는 앎이 없다면 이 오관으로 받아들이는 알음알이(法塵) 빛, 소리, 향기, 맛과는 직접적인 상관이 없고, 물질적인 접촉도 없고, 냉온을 감지함도 없고 허공과 같은 모양도 아닐 것이다. 그런데 그 뜻이 어디에 어떻게 있는 것이냐? 그렇다면 물질에도 공空에도 여기 있는 모든 것 그 어디에도 이것이 뜻이라고 표시할 수가 없지 않느냐? 그렇다고 사람 밖에도 텅 빈 허공 밖에도 있을 수 없는 것이다. 그렇다고 육감으로 느끼는 그 뜻을 가지고 만약 마음이라고 한다면 마음 가운데 그 뜻이 드러나는 바도 아니니 그 뜻이 있는 곳이 어떻게 성립되겠느냐?

그러므로 육감으로 받아들인 뜻과 오감으로 느끼는 법진과 마음이 모두 처소가 없다. 뜻의 뿌리(六根)도 오관에 반연하는 법진法塵인 오음도 다 허망한 것이지만 그 근본은 인연도 자연도 아닌 청정묘각의 여래장 가운데 각성의 성품이라는 것을 알아야 한다."

④ 십팔계十八界가 곧 여래장

"18계가 곧 시방 법계를 두루 싸고 있는 여래장如來藏이라는 말은 안과 밖과 중간 3처가 6근에 대입됨으로 해서 의식意識이 생기는 섭리를 18계라 합니다. 그 공식은 3처處×6근根=18계界가 됩니다."

復次 阿難! 云何十八界 本如來藏 妙眞如性? 阿難! 如汝
부차 아난 운하십팔계 본여래장 묘진여성 아난 여여
所明 眼色爲緣 生於眼識 此識爲復 因眼所生 以眼爲界 因
소명 안색위연 생어안식 차식위부 인안소생 이안위계 인
色所生 以色爲界? 阿難! 若因眼生 旣無色空 無可分別 縱
색소생 이색위계 아난 약인안생 기무색공 무가분별 종
有汝識 欲將何用? 汝見又非 靑黃赤白 無所表示 從何立
유여식 욕장하용 여견우비 청황적백 무소표시 종하립
界? 若因色生 空無色時 汝識應滅 云何識知 是虛空性? 若
계 약인색생 공무색시 여식응멸 운하식지 시허공성 약

色變時 汝亦識其 色相遷變 汝識不遷 界從何立? 從變則變
界相自無 不變則恒 旣從色生 應不識知 虛空所在 若兼二
種 眼色共生 合則中離 離則兩合 體性雜亂 云何成界? 是
故當知 眼色爲緣 生眼識界 三處都無 則眼與色 及色界三
本非因緣 非自然性。

"또 아난아! 어찌하여 18계가 본래 청정묘각의 여래장인 묘한 진여의 성품이겠느냐?

아난아! 네가 잘 아는 바와 같이 눈과 물질이 연緣이 되어서 눈으로 보고 분별하는 안식眼識을 낸다면, 이 식識은 눈을 인하여서 분별하는 식심識心을 내었으니 눈으로 비롯된 안식계眼識界라고 하겠느냐?

아난아! 만약 눈을 인하여서 안식眼識이 난 것이라면 눈 안에는 허공과 물질이 본래 없으므로 만상을 분별할 수 없을 것이다. 비록 네 식識이 눈 안에 있다 하더라도 보는 대상이 없는데 무슨 소용이 있겠느냐? 그리고 너의 보는 안식은 어떠한 빛깔도 형체도 없는 무색 무상이니 무엇으로 형형색색으로 드러난 사물의 경계를 생각하겠느냐?

만약 물질을 인하여 안식이 난 것이라면 허공같이 텅 비어 아무 대상이 없을 때에는 너의 안식도 없어질 것이다. 그렇다면 네가 어떻게 저 허공을 보고 허공인 줄을 알겠느냐?

만약 물질을 인하여 안식을 낸다면 저 밖의 물질이 서서히 변할 때 네 눈이 저 색이나 모양들이 변천함을 알 것이다. 그렇다면 너의 그 식識은 본래로 변천하는 성질이 아니다. 그렇다면 눈으로 보는 것과 아는 것이 어떻게 상대하는 경계가 성립되겠느냐? 만약 안식이 사물에 따라서 변천한다면 곧 안식도 변천할 것이다. 그러면 자연히 보는 눈과 보는 대상이 없어질 것이다.

　만약 변천하지 않는다면 항상할 것이니 이미 그 안식이 물질로 인하여 난 것이므로 마땅히 물질이 아닌 허공이 있다는 것을 몰라야 할 것이다.

　만약 눈에 있는 식이 두 가지를 겸한 것이어서 눈과 물질이 결합하여 함께 낸 것이라고 한다면, 두 물체가 합한즉 중간을 여의어 없어진 것이 되고, 중간을 여읜즉 눈과 물체가 합한 것이므로 물체와 보는 시각이 혼잡스러울 것이다. 그러니 어떻게 의식하는 경계를 이루겠느냐?

　그러므로 눈과 물질이 상호 보완적 관계로 안식계眼識界를 낸다고 하나 눈과 물질과 드러난 현상인 색계라는 3처三處가 모두 허망하다. 그러나 눈과 물질과 현상인 색계色界가 그 근본은 인연도 아니요, 자연도 아닌 청정묘각의 여래장 가운데 각성인 성품이다."

阿難! 又汝所明 耳聲爲緣 生於耳識 此識爲復 因耳所生 以耳爲界? 因聲所生 以聲爲界? 阿難! 若因耳生 動靜二相 旣不現前 根不成知 必無所知 知尚無成 識何形貌? 若取耳聞 無動靜故 聞無所成 云何耳形 雜色觸塵 名爲識界? 耳則識界 復從誰立? 若生於聲 識因聲有 則不關聞 無聞則亡 聲相所在! 識從聲生 許聲因聞 而有聲相 聞應聞識! 不聞非界 聞則同聲 識已被聞 誰知聞識? 若無知者 終如草木 不應聲聞 雜成中界 界無中位 則內外相 復從何成? 是故當知 耳聲爲緣 生耳識界 三處都無 則耳與聲 及聲界三 本非因緣 非自然性。

"아난아! 또 네가 잘 아는 바와 같이 귀와 소리가 인연因緣이 되어서 소리를 분별하는 이식耳識을 낸다면, 이 식識은 귀로 들어서 아는 것이니 귀를 가지고 경계(界)라 하겠느냐? 소리로 인하여 이식이 난 것이니 소리를 가지고 경계로 삼겠느냐?

아난아! 만약 귀로 인연하여 이식이 난다면 동하면 소리가 들리고 부동하면 고요함이 앞에 나타난다. 그런데 만약 동정이 없으면 청각인 이근耳根에서 동정의 자극이 없으므로 이식耳識이 일어나지 않는다. 그러면 귀는 아무런 소리를 듣지 못하므로 어떠한 소리를 분별하는 이식을 내지 못할 것이다. 소리를 분별하는 이식이 없다는 것이 사실이라면, 아무런 앎이 없는데 분별하는 식이라는 것이 어떠한 것이겠느냐?

만약 귀로만 듣는다고 고집한다면 움직임(動)과 고요함(靜)이 없어도 들어야 할 터인데 동정이 없으면 소리를 듣는 작용이 절대로 성립되지 않는다. 그렇다면 어떻게 사대로 뭉쳐진 귀의 그 형체만을 가지고 이식계耳識界라 하겠느냐? 그러면 무엇으로부터 이식계가 성립되겠느냐?

만일 소리에서 이식耳識이 났다면 식은 소리를 듣기 때문에 있는 것이다. 그렇다면 듣는 귀와 소리는 관계가 없을 것이다. 그렇게 되면 듣는 귀가 없는 것과 같다. 귀가 없다면 소리도 없는 것이 될 것이다. 그리고 또 식이 꼭 소리에서 나는 것이라고 한다면, 소리를 들음으로 말미암아 이식이 나는 것이 된다. 그렇다면 소리를 들을 적에는 식도 들어야 할 것이다.

만약 식을 듣지 못한다면 귀와 식 사이에 경계境界가 있다고 할 수 없다. 식을 듣는다면 소리와 같은 식일 것이다. 식을 이미 들었다면 무엇이 알아서 식을 듣겠느냐? 만약 아는 것이 없다면 결국 초목과 같은 것이다.

또 소리와 듣는 이식이 섞이어서 따로 듣고 아는 이상한 중성계가 있지는 않았을 것이다. 그러니 이쪽과 저쪽을 경계하는 계界라는 중간 위치가 없다면 안과 밖의 현상이 어떻게 이루어지겠느냐?

그러므로 귀와 소리가 연緣이 되어서 이식계耳識界를 낸다고 하지만 세 가지가 모두 근본이 없는 것이어서 귀와 소리와 이식계라 하는 세 곳의 근본은 인연도 아니요, 자연도 아닌 청정묘각의 여래장인 각성의 성품이라는 것을 알아야 하느니라."

阿難! 又汝所明 鼻香爲緣 生於鼻識 此識爲復 因鼻所生
以鼻爲界? 因香所生 以香爲界? 阿難! 若因鼻生 則汝心中
以何爲鼻? 爲取肉形 雙爪之相? 爲取齅知 動搖之性? 若取
肉形 肉質乃身 身知卽觸 名身非鼻 名觸卽塵 鼻尙無名 云
何立界? 若取齅知 又汝心中 以何爲知? 以肉爲知 則肉之
知 元觸非鼻! 以空爲知 肉應非覺! 如是則應 虛空是汝 汝
身非知 今日阿難 應無所在。以香爲知 知自屬香 何預於
汝? 若香臭氣 必生汝鼻 則彼香臭 二種流氣 不生伊蘭 及
旃檀木 二物不來 汝自嗅鼻 爲香爲臭? 臭則非香 香應非臭
若香臭二 俱能聞者 則汝一人 應有兩鼻! 對我問道 有二阿
難 誰爲汝體? 若鼻是一 香臭無二 臭旣爲香 香復成臭 二
性不有 界從誰立? 若因香生 識因香有 如眼有見 不能觀眼
因香有故 應不知香! 知則非生 不知非識 香非知有 香界不
成 識不知香 因界則非 從香建立 旣無中間 不成內外 彼諸
聞性 畢竟虛妄。是故當知 鼻香爲緣 生鼻識界 三處都無

則鼻與香 及香界三 本非因緣 非自然性。
즉비여향 급향계삼 본비인연 비자연성

"아난아! 또 네가 잘 아는 바와 같이 코와 향기가 인연관계가 되어서 코로 냄새를 맡아 아는 비식鼻識을 낸다면, 이 식識은 코로 인하여 난 것이니 코로 관계된 경계(界)라고 하겠느냐? 아니면 향을 인하여 난 것이니 향으로 관계된 경계라고 하겠느냐?

아난아! 만약 코로 인하여 식이 난다면 네 마음에 무엇을 코라고 하는 것 같으냐? 살로 된 쌍손톱(雙爪)이 자라 나온 모양의 코를 말하는 것이냐, 냄새를 맡아서 후각을 자극하면 냄새를 알고자 하는 의식이 요동하는데 흔들리는 그 성품을 말하는 것이겠느냐? 만약 살로 된 형상 그 자체가 코라면, 본시 살로 된 것은 몸이요, 몸으로 아는 것은 촉감이다. 몸이라면 코가 아니요, 접촉되는 촉감이면 곧 물질이므로 코라고 할 것이 없으니 어떻게 코라는 비식계鼻識界가 성립되겠느냐?

만약 냄새를 맡아 아는 비식을 코라고 한다면 네 생각에 무엇이 아는 것이 되겠느냐? 살이 안다면 살이 아는 것은 촉감이지 결코 코는 아니다. 만일 콧구멍의 허공이 아는 것이라면 허공 제 스스로가 아는 것이니, 네 살로 된 코는 알지 못해야 할 것이다. 그렇게 되면 허공이 곧 너 자신이어야 할 것이다. 따라서 네 코는 아는 것이 아니므로 오늘의 아난은 마땅히 무의미한 것이 된다. 그리고 또 향기가 안다면, 안다는 것이 향기에 들어 있으니 너와는 무슨 관계가 있겠느냐?

만약 향기와 악취가 네 코에서 나는 것이라면 저 향기와 악취가 이란伊蘭과 전단나무에서 오는 것이 아닐 것이다. 그 두 가지의 것과 상관없이 네가 스스로 코로 냄새를 맡아서 향기도 되고 악취도 된다면, 악취일 때는 향기가 아닐 것이고 향기일 때는 악취가 아닐 것이다.

만약 향기와 악취를 동시에 맡게 된다면 네게는 두 개의 코가 있어야 옳을 것이다. 네가 내게 도道를 묻는다면, 두 사람의 아난이 묻는 것이 된다. 그렇게 되면 어느 것이 본래 아난이 되겠느냐?

만약 코가 하나라면 향기와 악취가 둘이 아니어야 할 것이다. 그렇게 되면 악취도 향기가 되고 향기도 악취가 되어서 두 가지의 성질이 있을 수 없을 것이다. 어떻게 코로 관계된 비식계가 성립되겠느냐?

만약 향기로 인하여 비식이 난다면 식識이 향을 의지하여 있는 것이 된다. 마치 눈에 보이는 것은 있어도 눈이 제 스스로의 눈을 보지 못하는 것처럼 향기로 인한 식이라면 마땅히 향을 알지 못해야 할 것이다. 만약 식이 향기를 안다면 향기에서 난 식이 아닌 것이다. 향기를 알지 못한다면 그것은 식이 아니다. 향기도 있다는 것을 비식鼻識으로 알 수 있는 것이 아니라면 두루 향기를 맡는 향계香界가 성립되지 못한다. 또한 식이 향기를 모른다면 두루 냄새를 감지하는 비식계가 아닌 것이다.

이미 이쪽저쪽을 감지하는 중간인 식계識界가 없으면 이쪽저쪽이라는 안과 밖이 성립되지 못한다. 그러니 맡는 성품은 결국 허망한 것이다. 그러므로 코와 향기가 연이 되어서 비식계를 낸다고 하지만 코, 냄새, 의식 이 세 곳이 모두 정처가 없는 것이어서 코와 향기와 의식인 이 세 곳의 근본은 인연도 아니요, 자연도 아닌 청정묘각의 여래장인 각성의 성품이라는 것을 알아야 하느니라."

阿難! 又汝所明 舌味爲緣 生於舌識 此識爲復 因舌所生 以
아난 우여소명 설미위연 생어설식 차식위부 인설소생 이
舌爲界? 因味所生 以味爲界? 阿難! 若因舌生 則諸世間
설위계 인미소생 이미위계 아난 약인설생 즉제세간
甘蔗烏梅 黃蓮石鹽 細辛薑桂 都無有味 汝自嘗舌 爲甛爲
감자오매 황련석염 세신강계 도무유미 여자상설 위첨위
苦? 若舌性苦 誰來嘗舌? 舌不自嘗 孰能知覺? 舌性非苦
고 약설성고 수래상설 설부자상 숙능지각 설성비고
味自不生 云何立界? 若因味生 識自爲味? 同於舌根 應不
미자불생 운하립계 약인미생 식자위미 동어설근 응부
自嘗 云何識知 是味非味? 又一切味 非一物生 味旣多生 識
자상 운하식지 시미비미 우일체미 비일물생 미기다생 식
應多體 識體若一 體必味生 鹹淡甘辛 和合俱生 諸變異相
응다체 식체약일 체필미생 함담감신 화합구생 제변이상
同爲一味 應無分別 分別旣無 則不名識 云何復名 舌味識
동위일미 응무분별 분별기무 즉불명식 운하부명 설미식

界? 不應虛空 生汝心識。舌味和合 卽於是中 元無自性 云
何界生? 是故當知 舌味爲緣 生舌識界 三處都無 則舌與味
及舌界三 本非因緣 非自然性。

"아난아! 또 네가 잘 아는 바와 같이 혀와 맛이 연이 되어서 맛을 아는 설식舌識을 낸다면 이 식식은 혀에서 생긴다고 하겠느냐, 아니면 맛으로 인하여 난 것이니 맛에서 나온 식이라 하겠느냐?

아난아! 만약 혀로 인하여 맛이 난 것이라면 사탕, 매실, 황련, 소금, 세신, 생강, 계피가 모두 맛이 없을 것이다. 네가 스스로 네 혀의 맛을 보아라. 무슨 맛이 있더냐? 다느냐, 쓰느냐? 만약 혀 자체의 성질이 쓰고 단것이라면 무엇이 혀의 맛을 보겠느냐? 혀가 스스로를 맛보지는 못할 것이다. 무엇이 그 맛들을 알겠느냐? 만약 혀의 성질이 쓰고 단것이 아니라면 맛이 스스로 맛을 내지 못할 것이니 어떻게 맛을 보아 아는 설식계舌識界가 성립되겠느냐?

만약 맛을 인하여 깨닫고 아는 식이 나는 것이라면, 그 식 자체가 맛이 된 것과 같으므로, 혀가 자신을 맛보지 못하는 것과 같을 것이니 어떻게 맛인지 맛이 아닌지를 알겠느냐?

또 온갖 맛이 한 물건에서 나는 것은 아니다. 맛이 본래 여러 가지 것에서 난 것이라면 식도 마땅히 여러 가지 맛을 아는 여러 개의 식이 되어야 옳을 것이다.

깨닫고 아는 식의 체體가 하나이고 또 그 체가 반드시 맛에서 나는 것이라면 짠맛, 싱거운 맛, 단맛, 쓴맛, 화합된 맛, 고유한 맛, 변해진 맛 따위가 모두 한맛이 될 것이다. 그렇게 되면 분별이 없게 되고, 분별이 없으면 식이라고 할 수도 없을 것이니 어떠한 관계로 설식계舌識界라고 하겠느냐? 저 허공이 너의 식심識心을 내는 것일 수도 없는 일이다.

만약 혀와 맛이 화합하여서 식이 된다면 그 식 가운데에는 원래 제 성품이 없을 것이니 어떻게 설식계가 생기겠느냐? 그러므로 혀와 맛이 연이 되어서 설식계를 낸다고 하지만 세 가지 모두 근본이 없는 것이어서 혀와 맛과 식인 이 셋의 근본은 인연도 아니요, 자연도 아닌 청정묘각의 여래장 가운데 각성인 성품이라는 것을 알아야 하느니라."

阿難! 又汝所明 身觸爲緣 生於身識 此識爲復 因身所生 以
身爲界? 因觸所生 以觸爲界? 阿難! 若因身生 必無合離 二
覺觀緣 身何所識? 若因觸生 必無汝身 誰有非身 知合離者?
阿難! 物不觸知 身知有觸 知身卽觸 知觸卽身 卽觸非身 卽
身非觸 身觸二相 元無處所 合身卽爲 身自體性 離身卽是
虛空等相。內外不成 中云何立? 中不復立 內外性空 卽汝識

生 從誰立界? 是故當知 身觸爲緣 生身識界 三處都無 則身
與觸 及身界三 本非因緣 非自然性。

"아난아! 또 네가 잘 아는 바와 같이 몸과 접촉이 인연이 되어서 신식身識을 낸다면 이 신식이 몸을 인하여 난 것이니 몸으로 된 신식계身識界라고 하겠느냐, 접촉을 인하여 난 것이니 접촉에서 생긴 신식계라고 하겠느냐?

아난아! 만약 몸으로만 인연하여 난 신식계라면 반드시 몸에 대고 떼고 하는 두 가지 인연이 필요 없을 것이다. 만일 접촉하는 인연으로 신식계가 생긴 것이라면 반드시 네 몸이 아니라도 될 것이다. 몸이 아니고서야 어찌 합하고 여의고를 아는 신식身識이 있겠느냐?

아난아! 물질은 접촉하는 것을 알지 못하고, 몸이어야 접촉이 있는 것을 아나니, 만약 몸을 안다면 곧 그것은 접촉하는 감각을 아는 신식이다. 접촉하는 감각을 안다면 그것은 곧 몸인 것이다. 그러니 그 아는 신식이 만일 접촉하는 그 자체라면 몸은 아니다. 몸이라면 접촉하는 그 자체는 아니라는 말이다.

그러므로 몸과 접촉하는 두 가지를 아는 식은 원래 처소가 없는 것이어서, 그 아는 식이 몸에 속하였다면 그것은 몸 자체의 성품일 것이고, 몸을 여읜 것이라면 곧 그것은 허공과 같은 것이다. 그렇다면 안과 밖이 성립되지 않거늘 중간이 어떻게 성립되겠느냐? 중간이 성립되지 않으면 안과 밖의 성품도 공한 것인데 식이 난다 하더라도 무엇을 의지하여 신식계가 성립되겠느냐?

그러므로 몸과 접촉이 인연이 되어서 신식계를 낸다고 하지만 이 세 가지가 모두 허무한 것이어서 몸과 접촉하는 대상인 신식계의 근본은 인연도 아니요, 자연도 아닌 청정묘각인 여래장의 각성인 성품임을 알아야 하느니라."

阿難! 又汝所明 意法爲緣 生於意識 此識爲復 因意所生 以意爲界? 因法所生 以法爲界? 阿難! 若因意生 於汝意中 必有所思 發明汝意 若無前法 意無所生 離緣無形 識將何用? 又汝識心 與諸思量 兼了別性 爲同爲異? 同意卽意 云何所生? 異意不同 應無所識 若無所識 云何意生? 若有所識 云何識意? 唯同與異 二性無成 界云何立? 若因法生 世間諸法 不離五塵 汝觀色法 及諸聲法 香法味法 及與觸法 相狀分明 以對五根 非意所攝。汝識決定於法生 汝今諦觀 法法何狀? 若離色空 動靜通塞 合離生滅 越此諸相 終無所得。生則色空 諸法等生 滅則色空 諸法等滅 所因旣無 因生有識 作何形相? 相狀不有 界云何生? 是故當知 意法爲

緣 生意識界 三處都無 則意與法 及意界三 本非因緣 非自
연 생의식계 삼처도무 즉의여법 급의계삼 본비인연 비자
然性。
연성

"아난아! 또 네가 잘 아는 바와 같이 사유하는 의意와 오관으로 받아들인 법진法塵(색·수·상·행·식)*이 인연(緣)이 되어서 사유 분별하여 아는 의식意識*을 낸다면, 이 식識은 생각하는 의意로 인하여 난 것이니 의意로 된 의식계意識界라고 하겠느냐? 오관으로 받아들인 법진으로 인하여 난 것이니 법진으로 된 의식계라고 하겠느냐?

아난아! 만약 의로 인하여 의식이 난 것이라면, 네 사유하는 의중意中에 반드시 생각하는 바가 있어야 네 의意가 나타나게 될 것이다. 그런데 만약 네가 눈으로 귀로 코로 혀로 몸으로 받아들인 오감의 법진이 없으면 사유분별하여 앎을 내는 의意가 일어나지 못할 것이다.

따라서 오관으로 받아들인 오감의 연緣을 여의면 어떠한 생각의 상념도 없을 것이다. 그렇다면 앎이란 의意가 어디 있겠느냐?

또 의意가 헤아리고 분별하는 식識과 같겠느냐, 다르겠느냐? 같다면 의意 그것이 곧 의근意根이니 어떻게 의근이 앎(識)을 낸 것이라고 하겠느냐? 앎(識)과 의意가 다르다면 분별 사유하는 의근과 같지 않은 것이다. 식識이 의근과 같지 않다면 아는 바가 없어야 마땅할 것이다. 만약 아는 바가 없다면 어떻게 오관으로 보고 느끼는 의근이 의意를 낸 것이라 하겠느냐? 만약 아는 식이 있다면 어떻게 의식하는 의근이라 하겠느냐? 만약 의와 식이 같다거나 다르다거나 하면 느끼고 아는 두 가지가 성립되지 않는다. 그렇다면 어떻게 의식계가 성립되겠느냐?

만약 5근五根(안·이·비·설·신)으로 받아들인 감상感想인 법진法塵이 원인이 되어 의식이 난다면 세상의 모든 것이 다섯 가지 현상에서 벗어나지 못한다. 네가 보아라. 빛, 소리, 향기, 맛, 접촉하는 이 오감五感은 그 한계가 분명하다. 눈은 빛이 있어야 하고, 귀는 소리가 있어야 하고, 코는 냄새가 있어야 하고, 혀는 맛이 있어야 하고, 몸은 닿임이 있어야 한다. 5근五根은 상대가 되는 것뿐이다. 그러나 사유 분별하는 의근意根에 상대되는 것은 없지 않느냐? 그러니 네 그 의식은 결정코 5근으로 감상되는 법진에서 난다고 하면, 잘 생각해 보아라. 감상되는 법진이라는 그 이치가 무엇이란 말이냐?

만일 눈으로는 색色과 공空, 귀로는 동動과 정靜, 코로는 통通과 색塞, 혀로는 합合과 이離, 몸으로는 닿임과 뗌을 떠난다면, 오감으로 느끼는 의식이 없다. 만약 일어난다면 색과 공 따위의 것들이 일어나는 것이고 멸한다면 역시 색과 공 따위가 멸하는 것이다. 그러니 의意는 본래 까닭이 되는 법진이 없는 것이다. 그런데 없는 것으로 말미암아 났다는 식은 또 어떠한 것이겠느냐? 굳이 어떠한 것이라고 제시할 만한 현상이 없다면 의식계가 어떻게 성립되겠느냐?

그러므로 의意와 법진인 오감이 연이 되어서 의식을 낸다고 하지만, 사실은 오감과 의와 식의 이 세 가지가 모두 근본이 없는 것이어서 이 셋의 근본은 본래로 인연도 아니요, 자연도 아닌 청정묘각의 각성인 성품이라는 것을 알아야 하느니라."

[주해]

* 법진法塵=의근意根: 눈·귀·코·혀·몸으로 상대하는 빛·소리·향기·맛·접촉과 같은 것이 눈·귀·코 따위의 기관을 빌리지 않고 생각하는 의사意思만으로도 실제 5근으로 느끼는 것처럼 감상되고 분별이 된다. 이것은 밖으로 받아들여 잠재의식에 입력시킨 심상心象인 것이다. 이런 것을 법진法塵이라 한다.
* 의식意識은 의근意根(=말나식)

12. 칠대七大에서 여래장을 보이다

阿難白佛言 世尊 如來常說 和合因緣 一切世間 種種變化
皆因四大 和合發明。云何如來 因緣自然 二俱排擯？我今
不知 斯義所屬 唯垂哀愍 開示衆生 中道了義 無戲論法。

아난이 부처님께 사뢰었습니다.

"세존이시여, 여래께서 항상 화합과 인연을 말씀하셨습니다. 온갖 세간의 갖가지 변화가 모두 사대四大라고 하는 원소의 화합으로 인하여 나타난다고 하셨습니다. 그런데 지금 어찌하여 인연도 자연도 모두 아니라고 하십니까? 제가 이제 이 뜻을 잘 알지 못하오니 원컨대 저를 가엾이 여기서서 중생들에게 중도의 분명한 이치를 열어 보이소서. 그리하여 저 많은 중생들이 말장난하는 희론에 빠지는 법이 없도록 하소서."

爾時 世尊告阿難言 汝先厭離 聲聞緣覺 諸小乘法 發心勤
求無上菩提 故我今時 爲汝開示 第一義諦。如何復將 世間
戲論 妄想因緣 而自纏繞？汝雖多聞 如說藥人 眞藥現而
不能分別 如來說爲 眞可憐愍！汝今諦聽！吾當爲汝 分別

開示 亦令當來 修大乘者 通達實相。
개시 역령당래 수대승자 통달실상

이때 세존께서 아난에게 말씀하셨습니다.

"네가 앞서 성문과 연각들이 화합과 인연으로 생멸하는 소승법을 싫어하고 새롭게 발심하여 애써 무상보리를 구하기에, 내가 이제 인연화합을 멀리 초월한 묘각의 제일의제第一義諦를 열어 보인 것이다. 그런데 어찌하여 또 세간의 희론이요, 망상인 인연에 얽매이느냐? 네가 비록 듣기는 많이 하였으나 약을 말하는 사람이 마치 눈앞에 있는 진짜 약을 모르는 것과 같다. 그러므로 여래가 이를 참으로 딱하다고 하는 것이다. 이제 자세히 들어라. 내가 다시 너를 위해서 잘 분별하여 분명히 밝혀 주겠다.

그리고 앞으로 세간의 인연으로 생기는 유위법有爲法과 출세간법出世間法으로써 아무것도 할 일 없는 무위법無爲法도 초월하여 저 대승들이 진여묘각眞如妙覺을 닦아 실상 묘각의 여래장으로 들어갈 자들을 위하여 그 이치를 통달하게 하리라."

阿難黙然 承佛聖旨。
아난묵연 승불성지

阿難! 如汝所言 四大和合 發明世間 種種變化。阿難! 若
아난 여여소언 사대화합 발명세간 종종변화 아난 약
彼大性 體非和合 則不能與 諸大雜和 猶如虛空 不和諸色
피대성 체비화합 즉불능여 제대잡화 유여허공 불화제색
若和合者 同於變化 始終相成 生滅相續 生死死生 生生死
약화합자 동어변화 시종상성 생멸상속 생사사생 생생사

死 如旋火輪 未有休息。阿難！ 如水成冰 冰還成水。汝觀
地性 麤爲大地 細爲微塵 至鄰虛塵 析彼極微 色邊際相 七
分所成 更析鄰虛 卽實空性。阿難！ 若此鄰虛 析成虛空 當
知虛空 生出色相。汝今問言 由和合故 出生世間 諸變化相
汝且觀此 一鄰虛塵 用幾虛空 和合而有？不應鄰虛 合成鄰
虛。又鄰虛塵 析入空者 用幾色相 合成虛空？若色合時 合
色非空 若空合時 合空非色 色猶可析 空云何合？汝元不知
如來藏中 性色眞空 性空眞色 清淨本然 周遍法界 隨眾生
心 應所知量 循業發現 世間無知 惑爲因緣 及自然性 皆是
識心 分別計度 但有言說 都無實義。

아난이 잠자코 부처님의 거룩하신 뜻을 받들며 경청하고 있었습니다.

"아난아! 네가 말하기를 사대四大의 화합으로 세간의 갖가지 변화가 나타난다고 하지만, 아난아! 사대라고 하는 네 가지 원소 그 자체가 화합으로 생긴 것이 아니라면 특별히 다른 모든 원소와 섞여서 조화를 이루지는 못할 것이다. 그것은 마치 허공이 모든 물질과 화합하지 못하는 것과 같을 것이다. 화합이라면 곧 그것은 변화할 것이다. 변화하는 것이라면 그것은 곧 생과 멸이 계속되어서 났다가는 죽고 죽었다가는 다시 나며 이렇게 나고 죽고 또 나고 죽는 것이 마치 불을 돌려서 불꽃

동그라미가 되는 것처럼 돎이 쉴 새가 없을 것이다.

　아난아, 사대 가운데 수대水大인 물을 예로 들어 보아도 마찬가지다. 그 물이 얼음으로 되고 얼음이 녹으면 다시 물로 되는 것과 같다.

　네가 지대地大의 성질을 관찰하여 보아라. 큰 것은 대지大地이고 작은 것은 미세한 먼지가 된다. 극미의 단위인 인허진隣虛塵(素粒子)에 이르면 저 지극히 미세한 색소의 끝, 갓변의 모양을 색변제상色邊際相(分子)이라고 한다. 그 색변제상을 7분으로 쪼개어서 된 것을 허공의 비늘이라 해서 인허진隣虛塵이라 한다. 그 인허진을 다시 쪼개면 곧 진공眞空이 되는 것이다.

　아난아! 만약 이 인허진을 쪼개어서 진공이 됐다면 허공에서 색상色相인 물질의 원소가 그 허공에서 난다는 것도 알아야 한다.

　네가 이제 화합으로 말미암아서 세간의 모든 변화가 생기지 않느냐고 물었으니 다시 관찰하여 보아라. 한 개의 인허진(眞空)은 몇 개의 허공이 화합해서 된 것이냐? 인허진이 화합해서 인허진으로 된 것은 아닐 것이다.

　또 인허진을 쪼갠 것이 결국 허공으로 돌아간다면 얼마나 되는 물질의 원소인 색상을 합성시켜서 저 큰 허공이 되었겠느냐? 그러나 저러나 만약 물질을 합할 때에는 물질을 합한 것이지 공空이 아니며, 공을 합할 때에는 공을 합한 것이지 분명 물질은 아니다.

또, 물질은 쪼갤 수 있지만 공이야 어떻게 쪼개고 합할 수가 있겠느냐?

네가 전혀 모르는구나! 청정묘각의 여래장 가운데 성품이 물질이면서 진공인 것과, 성품이 공이면서 물질인 것*이 본래 청정한 그대로 우주에 두루 가득하였는데, 그것이 중생의 마음을 따르고 그 아는 바 감량에 따라 응하되, 무엇을 어떻게 하느냐(業)에 따라서 현실로 나타나는 것뿐이다. 하지만 세간이 워낙 무지하여 아는 바가 없으므로 인연이니 자연이니 한다.

이렇게 말이 많은 것은 모두 분별하는 식심識心으로 헤아리는 것이므로 다만 말만 있을 뿐이고, 전혀 그 실제의 정의(實義)는 없느니라."

[주해]

* 성품이 물질이면서 진공인 것과, 성품이 공이면서 물질인 것 : 『반야심경般若心經』의 색즉시공色即是空 공즉시색空即是色과 같은 뜻입니다. 요즈음 물리학에서도 소립자 중 어떤 것은 질량이 0인 공空으로 돌아간다는 것을 말하고 있습니다. 이것

이 바로 물질이면서도 공이라는 것을 입증하고 있습니다. 현대물리학의 대가 웨팅톤은 소립자는 사념思念이라고 정의했습니다.

세존께서는 진공에서도 진묘각眞妙覺의 진공을 밝혀 아무것도 없는 진공 속에서 영성과 물성의 소립자가 나온다는 사실을 분명히 하고 있습니다.

청정묘각의 여래장 가운데는 진묘각의 진공眞空과 진묘각의 진성眞性이 시방 법계에 두루해 있으면서 그것이 중생의 마음을 따라서 고요하면 무변허공계가 되고, 동하여 움직이면 세계가 되고 부처도 되고 육도 중생도 되며 인식하는 만큼의 양을 따라서 여러 가지로 변화하는 것입니다. 그런데 중생들이 이를 모르기 때문에 이것을 인연이니 자연이니 화합이니 하지만, 그것은 어디까지나 이론일 뿐 여래장 속에 청정한 진성과 진색은 적멸상으로서 부동하므로 만물과 만생의 근본 바탕인 원체元體에는 그런 것이 없다는 사실을 밝히시는 품입니다.

阿難! 火性無我 寄於諸緣 汝觀城中 未食之家 欲炊爨時
아난 화성무아 기어제연 여관성중 미식지가 욕취찬시
手執陽燧 日前求火。阿難! 名和合者 如我與汝 一千二百
수집양수 일전구화 아난 명화합자 여아여여 일천이백
五十比丘 今爲一衆 衆雖爲一 詰其根本 各各有身 皆有所
오십비구 금위일중 중수위일 힐기근본 각각유신 개유소

生氏族名字 如舍利弗 婆羅門種 優樓頻螺 迦葉波種 乃至
阿難 瞿曇種姓。阿難! 若此火性 因和合有 彼手執鏡 於日
求火 此火爲從鏡中而出? 爲從艾出? 爲於目來? 阿難! 若
日來者 自能燒汝手中之艾 來處林木 皆應受焚 若鏡中出
自能於鏡 出然於艾 鏡何不鎔? 紆汝手執 尙無熱相 云何融
泮? 若生於艾 何藉日鏡 光明相接 然後火生? 汝又諦觀 鏡
因手執 日從天來 艾本地生 火從何方 遊歷於此? 日鏡相遠
非和非合 不應火光 無從自有。汝猶不知 如來藏中 性火眞
空 性空眞火 淸淨本然 周遍法界 隨衆生心 應所知量。阿
難 當知世人 一處執鏡 一處火生 遍法界執 滿世間起 起遍
世間 寧有方所? 循業發現 世間無知 惑爲因緣 及自然性
皆是識心 分別計度 但有言說 都無實義。

"아난아! 화대火大의 탄소라는 성품도 개별個別적인 실체가 없다. 여러 연緣에 의해 생긴 화합물이기 때문에 꼭 나는 불이라고 할 만한 아我가 없다.

너는 보았을 것이다. 성중에 밥을 지으려는 집들이 손에 화경火鏡을 가지고 햇빛 앞에서 불을 구하지 않느냐? 아난아! 화합이라는 말은 나와 너와 1,250명의 비구가 한 무리로 된 대중을 화합승중이라고 말하는 것과 같은 것이다. 단체인 무리는 비록 하나지만 그 근본을 따져 보면 각기 몸이 다르고 모두 태어난 씨족과 명자名字가 각각 달라서 예를 들면 사리불은 바라문종족이고, 우루빈나는 가섭파종이고 아난은 구담종성인 것과 같은 것이다.

아난아! 만약 이 불의 성질이 화합으로 인하여 있는 것이라면 손으로는 화경을 들고 저 공중의 해에서 불을 구하는데, 만약 그 불이 화경에서 나겠느냐, 쑥에서 생기겠느냐, 해에서 불이 오겠느냐? 아난아! 만약 해에서 불이 온다면, 스스로 바로 손에 있는 쑥을 태울 것이다. 그렇다면 햇빛이 닿는 곳마다 숲, 나무 따위를 모두 태워야 옳을 것이다. 만약 화경에서 난다면 화경 속에서 불이 나와서 쑥을 태우면서 어찌하여 화경은 녹지 않느냐? 녹기는커녕 화경을 쥐고 있는 손도 뜨겁지 않지 않더냐? 만약 쑥에서 생긴다면 어찌하여 해와 화경을 통하여 빛이 마주 닿아야만 불이 나느냐?

그리고 또 자세히 관찰하여 보아라. 화경은 손에 있고 해는 하늘에 있고 쑥은 땅에서 난 것인데, 불은 어디서 온 것이겠느냐? 해와 화경은 멀리 떨어져 있으니 화和도 아니요, 합合도 아니다. 불이 까닭이 없이 스스로 있는 것도 아닌 것이다.

네가 아직도 모르는구나. 청정묘각의 여래장 가운데 성품이 불이면서 진공인 불과 성품이 공이면서 불인 성품이 청정한 본래 그대로 우주에 두루 편재하였는데, 그것이 중생의 마음을 따르고 그 아는 바 감량에 따라 불이 응하는 것이다. 아난아! 세상 사람들이 한 곳에서 화경을 들면 그 한 곳에서 불이 나고, 온 누리에서 들면 온 누리에서 불이 날 것이다. 온 누리에서 두루 일어나는 불의 성품이 어찌 특정한 방소가 있겠느냐?

결국 중생이 어떻게 하느냐(業)에 따라서 나타나는 것인데 세상이 무지無知하여 아는 바가 없어서 인연이니 자연이니 한다. 이 모든 것이 다 중생의 식심으로 분별하고 헤아리는 것이어서, 다만 말은 있되 전혀 그 실재의 뜻, 실의實義는 없느니라."

阿難! 水性不定 流息無恒 如室羅城 迦毗羅仙 斫迦羅仙
及缽頭摩 訶薩多等 諸大幻師 求太陰精 用和幻藥 是諸師
等 於白月晝 手執方諸 承月中水 此水爲復 從珠中出? 空
中自有? 爲從月來? 阿難! 若從月來 尚能遠方 令珠出水
所經林木 皆應吐流 流則何待 方諸所出? 不流明水 非從月
降。若從珠出 則此珠中 常應流水 何待中宵 承白月晝? 若
從空生 空性無邊 水當無際 從人洎天 皆同滔溺 云何復有
水陸空行? 汝更諦觀 月從天陟 珠因手持 承珠水盤 本人敷
設 水從何方 流注於此? 月珠相遠 非和非合 不應水精 無

수능엄경 제3권 257

從自有! 汝尚不知 如來藏中 性水眞空 性空眞水 淸淨本然
종자유   여상부지 여래장중 성수진공 성공진수 청정본연
周遍法界 隨衆生心 應所知量。一處執珠 一處水出 遍法界
주변법계 수중생심 응소지량   일처집주 일처수출 변법계
執 滿法界生 生滿世間 寧有方所? 循業發現 世間無知 惑
집 만법계생 생만세간 영유방소   순업발현 세간무지 혹
爲因緣及自然性 皆是識心 分別計度 但有言說 都無實義。
위인연급자연성   개시식심 분별계탁 단유언설 도무실의

"아난아! 물의 성품이 일정하지 않아서 흐름과 그침이 항상 하지 않다.

실라벌성에 살고 있는 가비라 선인*이나 작가라 선인* 또는 발두마*, 하살다* 등의 모든 환술사들이 태음太陰의 정기를 구하여서 환술의 약을 만들 때에 달 밝은 밤에 손으로 옥돌로 만든 술잔 모양의 방저方諸*를 부드러운 천에 문질러서 열을 내게 한 다음 밝은 달에 적당히 각도를 손으로 맞추면 방저에 수기가 생기면서 월중수月中水라는 물을 얻게 된다. 방저에서 생긴 이 물이 방저에서 나느냐, 공중에서 생기느냐, 달에서 오는 것이냐?

[주해]

* 가비라 선인: 가비라는 황색黃色 또는 황적색黃赤色이라는 뜻인데 환술외도의 이름이다.
* 작가라: 바퀴(輪)라는 뜻. 환술외도의 이름.
* 발두마: 적련화赤蓮華라는 뜻인데 못(池)의 이름. 이 환술사가 이

> 못가에 있었으므로 그것이 환술사幻術師의 이름이 된 것.
> * 하살다: 해수海水라는 뜻. 하살다 환사가 해변에 살았으므로 이렇게 부른 것.
> * 방저方諸: 옥돌로 된 술잔 모양의 도구. 닦아서 뜨겁게 하여 달을 향하게 하면 습진이 생기면서 물이 흐른다고 함.

아난아! 만약 그 월중수가 달에서 온다면 저렇게 먼 데서 방저에 와서 담긴다는 얘기다. 그렇다면 저 먼 데서 오는 도중에 그 물이 거치는 나무숲마다 당연히 물이 흘러야 할 것이다. 그렇게 흐른다면 하필이면 방저를 들고 기다릴 필요가 없지 않겠느냐? 산천에 흐르지 않는다면 분명히 그 물은 달에서 오는 것이 아니다.

만약 방저에서 생기는 것이라면, 이 방저에 항상 물이 있어야 할 것인데 어찌하여 한밤중에 밝은 달빛을 마주해야만 하느냐? 만약 허공에서 생긴다면 허공이 무한한 것이므로 물도 한량이 없어서 인간도 천상도 모두 물 속에 잠길 것이니 어떻게 물과 육지와 허공이라는 구별이 있겠느냐?

네가 또 자세히 관찰하여 보아라. 달은 하늘에 떴고, 방저는 손에 들었고, 방저의 물을 받는 쟁반은 사람이 놓은 것인데 도대체 그 물은 어디로부터 여기에 흘러온 것이냐? 달과 방저는 서로 거리가 머니 서로 조화(和)도 아니요, 합친 일도 없으니 합(合)도 아니다. 그런데 물이 어디로부터 온 바가 없는데 저 스스로 있을 수도 없는 것이다.

너는 아직도 모르고 있다. 청정묘각의 여래장 가운데 성품이 물인 진공과 성품이 공인 물이 본래 청정한 그대로 우주에 두루 편재하였는데, 그것이 중생의 마음을 따르고 아는 정도에 따라 응하는 것이다.

한 곳에서 방저를 들면 한 곳에 물이 생기고, 우주에 두루 가득히 방저를 들면 우주에 가득히 물이 생길 것이니, 어디서나 아니 나는 곳이 없다. 어찌 따로 정해진 방소가 있겠느냐?

중생들이 어떻게 하느냐(業)에 따라서 나타나는 것인데 세간이 무지하여 아는 바가 없으므로 인연이니 자연이니 하지만 이것이 모두 식심으로 분별하고 헤아리는 것이다. 다만 말이 있을 뿐이고, 그 실제의 뜻 실의(實義)는 없느니라."

阿難! 風性無體 動靜不常 汝常整衣 入於大衆 僧伽黎角
아난   풍성무체 동정불상 여상정의 입어대중 승가리각
動及傍人 則有微風 拂彼人面。此風爲復 出袈裟角？ 發於
동급방인 즉유미풍 불피인면 차풍위부 출가사각   발어
虛空？ 生彼人面？ 阿難！ 此風若復 出袈裟角 汝乃披風 其
허공   생피인면   아난   차풍약부 출가사각 여내피풍 기
衣飛搖 應離汝體。 我今說法 會中垂衣 汝看我衣 風何所
의비요 응리여체   아금설법 회중수의 여간아의 풍하소
在？ 不應衣中 有藏風地。 若生虛空 汝衣不動 何因無拂？
재   불응의중 유장풍지 약생허공 여의부동 하인무불

空性常住 風應常生 若無風時 虛空當滅 滅風可見 滅空何狀? 若有生滅 不名虛空 名爲虛空 云何風出? 若風自生 被拂之面 從彼面生 當應拂汝 自汝整衣 云何倒拂? 汝審諦觀 整衣在汝 面屬彼人 虛空寂然 不參流動 風自誰方 鼓動來此? 風空性隔 非和非合 不應風性 無從自有。汝宛不知 如來藏中 性風眞空 性空眞風 淸淨本然 周遍法界 隨衆生心 應所知量。阿難! 如汝一人 微動服衣 有微風出 遍法界拂 滿國土生 周遍世間 寧有方所? 循業發現 世間無知 惑爲因緣及自然性 皆是識心 分別計度 但有言說 都無實義。

"아난아! 바람의 성품이 자체가 없어서 움직이고 고요함이 일정하지 않다. 네가 늘 경험하는 일이지만 옷을 정제(整齊)하고 대중 속에 들어갈 적에 승가리 자락이 펄럭거려 곁엣 사람에게 미치면 가벼운 바람이 저 사람의 얼굴에 스친다. 그때 일어난 바람이 가사 자락에서 나느냐, 허공에서 나느냐, 저 사람의 얼굴에서 생기느냐?

아난아! 이 바람이 만약 가사 자락에서 난다면 네가 그 바람으로 된 옷이 날려 네 몸에서 떨어져 나가야 할 것이다. 그리고 내가 지금 법을 설하면서 모임 가운데에 옷을 드리웠다. 그런데 네가 내 옷을 보아라. 바람이 어디 있느냐? 옷 속에 바람이 숨어 있을 자리가 있는 것도 아니다.

만약 허공에서 난다면 네가 옷을 펄럭이지 않을 때는 어찌하여 바람이 없느냐? 허공은 항상한 것이니 바람도 마땅히 항상 허공에 있어야 할 것이다. 그렇다면 만약 바람이 없을 때에는 허공도 없어야 할 것이다. 그리고 바람이 없어지는 것은 볼 수 있지만 허공이 없어진다면 그것은 어떠한 모양이겠느냐? 만약 허공이 생기고 없어지고 한다면 그것을 허공이라 할 수는 없다. 허공이라면 허공이 어떻게 바람을 일어나게 하겠느냐?

그리고 또 만약 바람이 저 사람의 얼굴에서 난다면, 저 사람의 얼굴에서 바람이 났으므로 마땅히 네게로 바람이 불어와야 할 것인데, 네가 옷을 바로 하는데 어찌하여 그 바람이 반대로 부느냐?

너는 자세히 살펴보아라. 옷을 바로 하는 것은 네가 한 일이고, 얼굴은 저 사람의 것이고, 허공은 고요하여 움직임이 없거늘 바람은 어디서 불어오느냐?

너는 확실히 모르고 있다. 청정묘각의 여래장 가운데에는 성품은 바람이면서 공이고, 또 공이면서 바람인 것이 본래 청정한 그대로 우주에 두루 편재하여서 중생의 마음을 따르고 아는 정도에 응하는 것이다.

아난아! 너 한 사람이 옷을 펄럭이면 가벼운 바람이 나고,

온 법계에서 펄럭이면 온 법계에서 바람이 나는 것인데, 그것이 어찌 일정한 방소가 있겠느냐?

필경 이것은 바람을 나게 하는 행위(業)를 따라서 나타나는 것뿐인데 세간이 무지하여서 이것을 인연이니 자연이니 하지만, 다 식심으로 분별하고 요량해 보는 것이므로 다만 말뿐이고 전혀 그 진실한 뜻은 없느니라."

阿難! 空性無形 因色顯發 如室羅城 去河遙處 諸刹利種
及婆羅門 毗舍首陀 兼頗羅墮 旃陀羅等 新立安居 鑿井求
水 出土一尺 於中則有 一尺虛空 如是乃至 出土一丈 中間
還得 一丈虛空 虛空淺深 隨出多少 此空爲當 因土所出?
因鑿所有? 無因自生? 阿難! 若復此空 無因自生 未鑿土前
何不無礙 唯見大地 逈無通達。 若因土出 則土出時 應見空
入 若土先出 無空入者 云何虛空 因土而出? 若無出入 則
應空土 元無異因 無異則同 則土出時 空何不出? 若因鑿出
則鑿出空 應非出土 不因鑿出 鑿自出土 云何見空? 汝更審
諦 諦審諦觀 鑿從人手 隨方運轉 土因地移 如是虛空 因何
所出? 鑿空虛實 不相爲用 非和非合 不應虛空 無從自出。
若此虛空 性圓周遍 本不動搖 當知現前 地水火風 均名五
大 性眞圓融 皆如來藏 本無生滅。阿難! 汝心昏迷 不悟四

大元如來藏　當觀虛空　爲出爲入？　爲非出入？　汝全不知　如
대원여래장　당관허공　위출위입　　위비출입　　여전부지　여
來藏中　性覺眞空　性空眞覺　淸淨本然　周遍法界　隨衆生心
래장중　성각진공　성공진각　청정본연　주변법계　수중생심
應所知量。阿難！如一井空　空生一井　十方虛空　亦復如是
응소지량　　아난　여일정공　공생일정　시방허공　역부여시
圓滿十方　寧有方所？循業發現　世間無知　惑爲因緣　及自然
원만시방　영유방소　순업발현　세간무지　혹위인연　급자연
性　皆是識心　分別計度　但有言說　都無實義。
성　개시식심　분별계탁　단유언설　도무실의

"아난아! 허공의 성품은 어떠한 형상도 없는 무형無形한 것이어서 물질이 움직임에 의하여 바람이 나타날 뿐이다. 이 실라벌성에서도 강이 먼 곳에서 찰제리刹帝利*나 바라문*이나 비사毘舍*나 수다라*나 바라타頗羅墮*나 전타라栴陀羅*들이 편히 살아갈 거처居處를 새로 세울 때에는 당연히 우물을 파게 된다. 흙을 한 자쯤 파내면 한 자의 허공이 땅에서 생기고 한 길쯤 파내면 한 길의 허공이 지하에서 생긴다. 흙을 파냄에 따라서 그만큼의 허공이 생긴다. 그러면 이 허공이 흙에서 나온 것이냐, 땅을 파기 때문에 생긴 것이냐? 어떤 까닭도 없이 스스로 허공이 있는 것이냐?

아난아! 만약 또 이 허공이 원인이 없이 스스로 있는 것이라면 흙을 파기 전에는 어찌하여 걸림이 없는 허공이 되지 못하고 흙에 막혀서 왜 통하지 못하느냐?

만약 흙을 인하여 허공이 난다면 흙이 나올 적에 허공이 들어감을 보아야 할 것이다. 만약 흙만 나오고 허공은 들어가지 않는다면 어떻게 허공이 흙을 인하여 난다고 하겠느냐?

> [주해]
> * 찰제리(刹帝利, ksatriya): 무사武士, 왕족王族.
> * 바라문(婆羅門, Bramana): 정행淨行·정지淨志·범지梵志라 번역. 인도의 족성계급 중 가장 높은 계급.
> * 비사(毘舍, Vaisya): 상공업에 종사하는 평민 계급.
> * 수다라(首陀羅, Sudra): 인도의 가장 낮은 계급. 노예계급.
> * 바라타(頗羅陀, Bharadvaja): 중동重瞳·첩질捷疾·이근利根·변재辯才·만滿이라 번역. 바라문 6성姓 중의 하나.
> * 전타라(栴陀羅, Candala): 도자屠者·엄치嚴熾·포악暴惡·하성下姓이라 번역. 백정·옥졸獄卒 따위. 수다라와 함께 최하층 계급.

만약 나오거나 들어감이 없다면 허공과 흙이 원래 다른 인연이 없는 것이다. 다른 인연이 없다면 같은 것인데, 그렇다면 흙이 나올 때에 어찌하여 허공은 나오지 않느냐?

만약 팜을 인하여 허공이 난다면, 팔 때에 허공이 나와야 하고 흙이 나오는 것은 아니어야 옳다. 그렇다고 해서 또 팜을 인하여 허공이 나는 것이 아니라고 한다면 어찌하여 땅을 파서 흙이 나옴에 따라 허공을 보게 되느냐?

네가 다시 자세히 잘 살펴보아라. 파는 것은 사람의 손에 의하여 움직이고, 흙은 땅으로부터 옮기는 것이다. 이와 같이 허공도 무엇인가 까닭이 있어 나와야 할 것이다.

파는 것과 허공과는 그 허虛와 실實이 서로 작용할 수 없으므로 허공은 조화和도 아니고 합合도 아니다. 그렇다고 허공이 오는 데 없이 스스로 있다고도 할 수 없다.

만약 이 허공도 그 성품이 원만하고 두루 편재하며 본래 동요하지 않는 것이라면 앞에 나타난 지地·수水·화火·풍風과 함께 오대五大라고 해야 하고, 그것들은 성품이 참되고 원만하고 서로 통한 것으로서 모두 본래로 생과 멸이 없는 청정묘각의 여래장이라는 것을 알아야 한다.

아난아! 네 마음이 혼미하여서 사대四大가 원래로 여래장이라는 것을 깨닫지 못하는 것이다.

마땅히 허공을 관찰하여 보아라. 이것이 어디로부터 나오느냐? 또 어디로 들어가느냐? 나오지도 들어가지도 않는 것이냐?

네가 전혀 모르고 있다. 여래장 가운데 성품이 각覺인 진공과 성품이 공인 진각眞覺이 본래 청정한 그대로 우주에 두루 편재하여서 그것이 중생의 마음을 따르고, 아는 만큼의 정도에 응하여 드러나 보이는 것이다.

아난아! 한 우물을 파내면 한 우물만큼의 허공이 생기는 것처럼 시방의 허공도 마찬가지여서 시방에 두루 가득하니 어찌 방소가 있겠느냐?

필경 중생들이 어떻게 하느냐에 따라서 나타나는 것을 세간이 무지하여 아는 바가 없으므로 인연이니 자연이니 하지만 이것은 모두 중생의 식심으로 분별하고 요량하는 것이어서 다만 말이 있을 뿐 전혀 실다운 뜻이 없느니라."

阿難! 見覺無知 因色空有 如汝今者 在祇陀林 朝明夕昏 設居中宵 白月則光 黑月便暗 則明暗等 因見分析。此見爲復 與明暗相 並太虛空 爲同一體? 爲非一體? 或同非同? 或異非異? 阿難! 此見若復 與明與暗 及與虛空 元一體者 則明與暗 二體相亡 暗時無明 明時無暗 若與暗一 明則見亡 必一於明 暗時當滅 滅則云何 見明見暗? 若明暗殊 見無生滅 一云何成? 若此見精 與暗與明 非一體者 汝離明暗 及與虛空 分析見元 作何形相? 離明離暗 及離虛空 是見元同 龜毛兔角 明暗虛空 三事俱異 從何立見? 明暗相背 云何或同? 離三元無 云何或異? 分空分見 本無邊畔 云何非同? 見暗見明 性非遷改 云何非異? 汝更細審 微細審詳 審諦審觀 明從太陽 暗隨黑月 通屬虛空 壅歸大地 如是見精

因何所出? 見覺空頑 非和非合 不應見精 無從自出。若見
聞知 性圓周遍 本不動搖 當知無邊 不動虛空 並其動搖 地
水火風 均名六大 性眞圓融 皆如來藏 本無生滅。阿難! 汝
性沈淪 不悟汝之 見聞覺知 本如來藏 汝當觀此 見聞覺知
爲生爲滅 爲同爲異 爲非生滅? 爲非同異? 汝曾不知 如來
藏中 性見覺明 覺精明見 淸淨本然 周遍法界 隨衆生心 應
所知量 如一見根 見周法界。聽齅甞觸 覺觸覺知 妙德瑩然
遍周法界 圓滿十虛 寧有方所? 循業發現 世間無知 惑爲因
緣 及自然性 皆是識心 分別計度 但有言說 都無實義。

"아난아! 보고 깨닫는다는 것이 실은 앎이 없어서 빛과 공空으로 인하여 있는 것이다. 네가 지금 기타림에 있는데, 아침에는 밝고 저녁에는 어둡다. 설사 밤중이라 하더라도 보름에는 밝고 그믐에는 어둡다. 이 밝음과 어둠 따위가 보는 시각이 원인이 되어 나타내는 것이다.

또 이 보는 시각이 밝음과 어둠, 또는 허공과 더불어 한 덩어리이겠느냐, 아니겠느냐? 혹 같기도 하고 같지 않기도 하며 다르기도 하고 다르지 않기도 한 것이겠느냐?

아난아! 이 보는 시각이 만약 밝음과 어둠, 또는 허공과 더불어 원래 한 덩어리라면 밝음과 어둠은 각각 다른 존재로서 서로 상반되므로 밝음이 있으면 어둠이 없고, 어둠이 있으면 밝음이 없다. 항상 이 밝고 어두운 둘은 한쪽이 있으면 한쪽은 없어진다. 그러니 만약 보는 시각이 어둠과 하나라면 밝을 적에는 보는 시각이 없어질 것이고, 또 밝음과 하나라면 어두울 적에는 역시 보는 시각이 없어져야 할 것이다. 그런데 어떻게 밝음과 어둠을 동시에 볼 수가 있겠느냐?

만약 어둠과 밝음은 다르더라도 보는 시각은 생과 멸이 없다고 한다면 명암明暗과 하나라고 할 수 없지 않느냐?

만약 이 보는 정기가 어둠과 더불어 또는 밝음과 더불어 하나가 될 수 없는 것이라고 한다면 네가 밝음을 떠나서, 어둠을 떠나서, 또 허공을 떠나서 별도의 보는 시각의 근원을 찾아내어 보아라! 보는 시각이 과연 어떠한 모양이겠느냐?

밝음을 떠나고 어둠을 떠나고 허공을 떠나면 이 보는 시각이라는 것이 근본적으로 존재하지도 않는 거북의 털이요, 토끼의 뿔과 같은 것이다. 밝음과 어둠과 허공과 상관없는 것이라면 무엇을 의지하여 본다는 시각이 성립되겠느냐?

밝음과 어둠은 항상 서로 배치되는데, 어떻게 보는 시각이 상반되는 것과 같기도 하고 다르기도 하겠느냐? 밝음과 어둠과 허공 세 가지를 떠나면 원래 본다는 시각이 없는 것인데 어떻게 혹 같고 다르다고 하겠느냐?

허공과 보는 시각을 구분하려면 현상적인 한계가 본래 없는

데 어떻게 같거나 같지 않다고 하겠느냐?

어둠을 볼 적에도 밝음을 볼 적에도 보는 성품에는 조금도 달라짐이 없는데 어떻게 봄에 따라 같고 다르다고 하겠느냐?

너는 다시 자세히 살펴보아라. 밝음은 태양에서 오고 어둠은 그늘에서 오며, 통함은 허공에 속하고 막힘은 대지로 돌아간다. 이와 같이 보는 정기도 무엇에서든지 곳에 따라 나와야 할 것이다.

그러나 보는 시각은 깨달음이 있고 허공은 앎이 없는 것이므로 서로 화하는 것도 아니요, 합하는 것도 아니다. 그러니 보는 정기가 어디에서 생기겠느냐? 그렇다고 보는 정기가 온 데 없이 스스로 나왔다고는 할 수 없다.

만약 보고, 듣고, 알고 하는 성품이 원만하고 두루 편재하여 본래로 동요하지 않는 것이라면, 무한하고 동함이 없는 허공과 또는 동요하는 지地·수水·화火·풍風과 더불어 6대大라고 해야 할 것이다. 그 6대의 성품들이 다 참되고 원융圓融하며 모두 여래장이어서 본래 생과 멸이 없다는 것을 알아야 한다.

아난아! 너의 본래 맑고 밝은 성품이 식심분별에 잠기어서 네가 보고 듣고 깨닫고 아는 것이 본래 청정묘각의 여래장임을 알지 못하는 것이다.

너는 마땅히 보고, 듣고, 깨닫고, 아는 것을 잘 관찰하여 보아라. 이것이 생하는 것이냐, 멸하는 것이냐? 같은 것이냐, 다른 것이냐? 생도 멸도 아닌 것이냐, 같음도 다름도 아닌 것이냐?

너는 아직도 모르고 있다. 여래장 가운데 보는 성품인 각覺의 밝음과 각의 정기인 밝게 보는 시각이 본래 청정한 그대로 우주에 두루 편재하였는데 이것이 중생의 마음을 따르고 그 아는 정도에 응하는 것이다.

보는 시각의 한 견근見根의 보는 힘이 우주에 두루 편재하는 것처럼 듣는 것, 냄새 맡는 것, 맛보는 것, 촉감을 깨닫는 것, 의식으로 아는 작용이 묘하고 밝은 덕성德性으로 우주에 두루 가득하고 시방 허공에 가득하거늘 그 밝고 묘한 덕성이 어찌 방소가 있겠느냐?

필경 그것은 짓는 업을 따라서 나타나는 것인데, 세간이 무지하여서 이것을 인연이니 자연이니 하지만 모두 식심으로 분별하고 헤아리는 것이어서 다만 말이 있을 뿐이고 그 실다운 뜻은 없는 것이다."

阿難！ 識性無源 因於六種根塵妄出。汝今遍觀 此會聖衆 用目循歷 其目周視 但如鏡中 無別分析。汝識於中 次第標指 此是文殊 此富樓那 此目犍連 此須菩提 此舍利弗。此

識了知 爲生於見? 爲生於相? 爲生虛空? 爲無所因 突然而
出? 阿難! 若汝識性 生於見中 如無明暗 及與色空 四種必
無 元無汝見 見性尙無 從何發識? 若汝識性 生於相中 不
從見生 旣不見明 亦不見暗 明暗不矚 卽無色空 彼相尙無
識從何發? 若生於空 非相非見 非見無辨 自不能知 明暗色
空 非相滅緣 見聞覺知 無處安立 處此二非 空非同無 有非
同物 縱發汝識 欲何分別? 若無所因 突然而出 何不日中
別識明月? 汝更細詳 微細詳審 見託汝睛 相推前境 可狀成
有 不相成無 如是識緣 因何所出? 識動見澄 非和非合 聞
聽覺知 亦復如是 不應識緣 無從自出。 若此識心 本無所從
當知了別 見聞覺知 圓滿湛然 性非從所 兼彼虛空 地水火
風 均名七大 性眞圓融 皆如來藏 本無生滅。阿難! 汝心麤
浮 不悟見聞 發明了知 本如來藏 汝應觀此 六處識心 爲同
爲異 爲空爲有 爲非同異? 爲非空有? 汝元不知 如來藏中
性識明知 覺明眞識 妙覺湛然 遍周法界 含吐十虛 寧有方
所? 循業發現 世間無知 惑爲因緣 及自然性 皆是識心 分
別計度 但有言說 都無實義。

"아난아! 식식識의 성품은 근원이 없다. 안眼·이耳·비鼻·설
舌·신身·의意라는 여섯 근根이 밖으로부터 보고, 듣고, 냄새
맡고, 맛보고, 느끼고, 감상하는 등의 대경對境으로 인하여 망

령되게 일어나 분별하는 것이 식識이다.

　네가 이제 이 모임의 대중을 두루 보는데 둘러보는 그 눈은 거울 속과 같아서 비추기만 하고 따로 분별하는 것이 없다. 네 식이 그 보는 가운데서 '이것은 문수, 이것은 부루나, 이것은 목건련, 이것은 수보리, 이것은 사리불' 하면서 차례로 식별하는 것이다. 그런데 이렇게 아는 그 식이 보는 눈 뿌리, 근根에서 생기느냐, 보이는 대상에서 생기느냐? 허공에서 생기느냐, 아니면 까닭이 없이 돌연히 나오느냐?

　아난아! 만약 네 그 식의 성품이 보는 뿌리, 견근見根에서 생긴다면 그 눈동자 견근에는 밝음도 어둠도 물질도 공도 없는 것이다. 이 네 가지가 없다면 그 본다는 것도 없는 것이다. 그렇다면 보는 성품도 없는데 무엇으로부터 식識이 나오겠느냐?

　만약 너의 식의 성품이 보는 대상에서 생긴다면 보는 눈으로부터 식이 나는 것도 아니다. 밝음도 어둠도 보지 못할 것이고 밝음도 어둠도 못 본다면 물질도 공도 없는 것이다. 그렇게 되면 대상이 없는 것인데 앎이란 식識이 무엇으로부터 나오겠느냐?

　만약 허공에서 생긴다면 밖으로 드러나는 대상도 아니요, 보는 것도 아니다. 보는 것이 아니라면 분별함이 없어서 밝음도, 어둠도, 물질도, 공도 알지 못할 것이고 대상이 아니라면 어떠한 까닭이 없어서 보고, 듣고, 깨닫고, 알고 하는 것이 설 자리가 없게 된다.

대상도 아니요, 보는 것도 아닌 데 있다고 한다면, 그 모양도 없고 보는 것도 아니라는 것을 공空이라고 한다면, 없는 것과 다를 바 없다. 실재하는 유有라고 하더라도 물상物象과는 같지 않은 것이니, 비록 거기서 식識이 튀어 나온다 하더라도 무엇을 분별하겠느냐? 만약 까닭 없이 돌연히 식識이 나온다면 어찌하여 낮에는 밝은 달을 식별하지 못하느냐?

네가 다시 자세하게 잘 살펴보아라. 보는 시각은 네 눈에 의지하였고, 보이는 모양은 앞에 있는 대상을 말하는 것이다. 드러나 보이는 것은 있는 것이고 형상으로 나타날 수 없는 것은 없는 것이다. 그런데 이와 같은 현상을 아는 식識이 무엇을 인연하여 나겠느냐?

사유 분별하는 식識은 움직이고, 보는 견성은 고요한 것이다. 이것은 무슨 까닭으로 생기는 조화도 아니고 무엇과 합치해서 생기는 화합도 아니다. 듣고 깨닫고 알고 하는 경우도 마찬가지다. 그렇다면 식은 어떤 인연을 따라서 오는 것이 아니고 스스로 난 것이겠느냐?

만약 이 사유 분별하는 식심識心이 본래 어디에도 의지한 바가 없다면, 분명히 구별하고 보고 듣고 깨닫고 알고 하는 식심도 두루 원만하고 고요하게 맑으면서 그 성품이 좇아온 바가 없어서 저 허공과 더불어 지·수·화·풍과 함께 7대大라고 한다는 것을 알아야 한다. 그리고 그 성품이 참되고 원융圓融하여서 모두 청정묘각의 여래장이므로 본래 생과 멸이 없다.

아난아! 네 마음이 거칠고 들떠서 보고 듣고 깨닫고 아는 것이 본디 여래장인 줄을 알지 못하고 있을 뿐이다. 6처六處의 식심을 잘 관찰하여 보아라. 같은 것이냐, 다른 것이냐? 공한 것이냐, 있는 것이냐? 같은 것도 다른 것도 아니요, 공한 것도 있는 것도 아니냐?

너는 모르고 있다. 여래장 가운데 성품이 식인 밝은 앎과 각覺의 밝음인 참된 식이 묘한 깨달음으로 고요하고 맑게 우주에 두루 가득하여 시방의 허공을 삼키고 뱉고 하는 것이다. 저 모든 것들이 어찌 방소가 있겠느냐?

중생이 생각하고 행하는 지음을 따라서 나타나는 것뿐인 것을 세간이 무지하여 아는 바가 없으므로 이것을 인연이니 자연이니 하지만 모두 식심으로 분별하고 헤아릴 뿐이어서 다만 말만 있고 전혀 실다운 뜻이 없느니라."

七大가 如來藏

偈頌

汝元不知　네가원래 그러함을 알지못했네
如來藏中　일체만법 들고나는 여래장중엔
性色眞空　만물성품 한결같이 진공이니라
性空眞色　공의성품 역시같은 진색인것을
淸淨本然　본래부터 맑고밝아 청정한것이
周遍法界　일체모든 존재계에 두루해있네
隨衆生心　그것들이 중생들의 마음따른것
應所知量　이래저래 중생들의 앎을따르네
循業發現　짓는대로 업을따라 일어난현상
世間無知　세상인간 무지해서 알지못하여
惑爲因緣　까닭있는 인연인가 의심도하고
及自然性　자연으로 생긴것이 아닌가하네
皆是識心　모두다가 분별하는 식심가지고
分別計度　이래저래 헤아려서 따져보는일
但有言說　오직다만 실속없는 말만있어라
都無實義　진실하온 뜻이라곤 도무지없네

13. 아난이 기뻐하다

爾時 阿難及諸大衆 蒙佛如來 微妙開示 身心蕩然 得無罣
礙。是諸大衆 各各自知 心遍十方 見十方空 如觀手中 所
持葉物 一切世間 諸所有物 皆卽菩提 妙明元心 心精遍圓
含裏十方。反觀父母所生之身 猶彼十方 虛空之中 吹一微
塵 若存若亡 如湛巨海 流一浮漚 起滅無從 了然自知 獲本
妙心 常住不滅。禮佛合掌 得未曾有 於如來前 說偈讚佛。

 그때 아난과 모든 대중들이 부처님의 미묘하신 가르침을 받고 몸과 마음이 환히 열리어 걸림이 없이 되었습니다. 저 모든 대중들은 각기 자신의 마음이 시방에 두루 가득함을 알았고 시방의 공간을 보되 손바닥 안의 나뭇잎을 보듯 하였습니다. 온 누리의 모든 것들이 모두 깨달음인 보리의 묘하고 밝은 마음, 묘각으로서 본래 여래장임을 알았습니다.

 묘각의 여래장에서 중생의 몸과 마음과 저 무변허공계가 들쭉날쭉함으로 묘각의 각성이 시방세계와 온 누리를 두루 가득 품고 있음을 알았습니다.

 그러므로 부모가 낳아준 이 몸뚱이를 돌이켜보니 마치 시방의 허공 가운데 한 점의 작은 먼지를 날린 것과 같아서 있는 듯 없는 듯한 이것이 저 큰 바다에서 일어난 한 방울의 물거품이 허망하게 일어났다 없어졌다 하는 것과 같았습니다.

하지만 근본으로 돌이켜보면 묘하게 밝은 청정한 마음은 항상한 것이어서 없어지지 않는 것임을 분명히 알았습니다. 모두 경외로운 깨달음에 미증유未曾有함을 얻은 대중들은 합장 예불하고 부처님 앞에서 게송으로 찬탄하였습니다.

妙湛總持不動尊 首楞嚴王世希有!
묘담총지부동존 수능엄왕세희유
銷我億劫顚倒想 不歷僧祇獲法身。
소아억겁전도상 불력승기획법신
願今得果成寶王 還度如是恒沙衆
원금득과성보왕 환도여시항사중
將此深心奉塵刹 是則名爲報佛恩。
장차심심봉진찰 시즉명위보불은
伏請世尊爲證明 五濁惡世誓先入
복청세존위증명 오탁악세서선입
如一衆生未成佛 終不於此取泥洹。
여일중생미성불 종불어차취니원
大雄大力大慈悲 希更審除微細惑
대웅대력대자비 희갱심제미세혹
令我早登無上覺 於十方界坐道場。
영아조등무상각 어시방계좌도량
舜若多性可銷亡 爍迦囉心無動轉。
순야다성가소망 삭가라심무동전

미묘하고 청정하신 온갖덕을 두루갖추신
흔들림이 전혀없는 수능엄왕 세존이시여,
억겁동안 뒤바뀌어온 망상들을 없애주시고

오래닦지 않고서도 법신언게 하셨나이다.
지금부터 저희들도 하루속히 불과얻어서
항하사수 무량중생 묘각으로 인도하리다.
간절하온 이마음을 미진세계 다바친다면
이야말로 세존은혜 보답하는 길이옵니다.
간절하게 원하오니 세존님은 증명하소서.
저희들이 누구보다 오탁악세 먼저들어가
성불못한 중생들이 하나라도 있을지온댄
그들위해 영생안락 열반길에 들지않으리.
대자비심 다지니신 거룩하신 세존이시여,
더새롭게 저희들의 미세혹을 풀어주시고
하루빨리 무상정각 이루도록 도와주시어
시방세계 불도량에 안주토록 하여주소서.
가사일로 저허공은 없어진다 하옵더라도
금강같은 이마음이 무슨일로 변하오리까.

해설 천명일

경북 문경에서 태어나 산성할아버지로 우리에게 잘 알려진 설원 선생은 한학자로, 불교경전연구가로, 또 고대전통침구학자로 많은 활동을 하고 있다.

부산 說園, 불교대학, 부산 국군통합병원 등에서 강의하였고, 부산 불교경전연구원장을 역임하였다. 최근 T-broad 케이블 TV에서 〈산성 할아버지의 신사고 한문이야기〉의 방송강연을 통해 한문을 보는 새로운 지견을 제시하여 방송가의 화제가 되기도 하였다. 월드이벤트와 새로넷에서 〈산성 할아버지의 우리 민속 이야기〉, 〈도덕경 노자의 길〉을 주제로 방송 출연하였다.

현재 하우교육방송에서 〈산성 할아버지의 신사고 한문이야기〉를 재방영, 〈산성 할아버지의 사람이야기〉를 방영중에 있다.

또한 설원 선생은 우리나라 고대 전통침구학의 최고 전문가로서 연구 저서인 『신침입문』은 심령의 학적인 측면에서 혈명 명해론을 근간으로 침구학뿐만 아니라 의학계에 새로운 지평을 열었다는 평가를 받고 있으며, 대학에서 침구학을 공부하는 후학들에게 침술의학의 새로운 이정표가 되고 있다. 현재 구미 說園에서 경전 및 고대전통침구학을 연구·강의하고 있다.

저서로 『보통사람』 『空無虛』 『智見』 『大方廣佛 圓覺經』 『南無』 『世界와 衆生界가 생기는 이유』 『鍼灸學基初』 『神鍼入門』 『천수경』 『에밀레』 『이야기 천자문』 『절로 가는 길』 『배꼽 밑에 지혜의 등불을 밝혀라』 등이 있다.

연락처 : 설원넷 010-7532-3280, 구미 說園 010-4857-5275
홈페이지 : www.seolwon.net

수능엄경 · 상
대불정여래밀인수증요의보살만행수능엄경

초판 1쇄 발행 2011년 6월 21일
초판 2쇄 발행 2012년 12월 20일

해설 | 천명일

펴낸이 | 이의성
펴낸곳 | 지혜의나무
등록번호 | 제1-2492호
주소 | 서울시 종로구 관훈동 198-16 남도빌딩 3층
전화 | (02)730-2211 팩스 | (02)730-2210

ISBN 978-89-89182-80-1 04220
ISBN 978-89-89182-79-5 (세트)

* 잘못된 책은 바꾸어 드립니다.